Nadine Weihe (Hg.)
Liebe bringt die Welt zum Leuchten

Nadine Weihe (Hg.)

Liebe bringt die Welt zum Leuchten

Geschichten von großen
und kleinen Gefühlen

neukirchener
aussaat

Bibliografische Information der Deutschen Nationalbibliothek

Die Deutsche Nationalbibliothek verzeichnet diese Publikation
in der Deutschen Nationalbibliografie; detaillierte bibliografische Daten sind im Internet über http://dnb.d-nb.de abrufbar.

© 2015 Neukirchener Verlagsgesellschaft mbH,
Neukirchen-Vluyn
Alle Rechte vorbehalten
Umschlaggestaltung: Henri Oetjen, Lemgo,
unter Verwendung eines Bildes von Fotolia
DTP: Breklumer Print-Service, Breklum
Verwendete Schriften: Matrix Script, Adobe Caslon Pro
Gesamtherstellung: FINIDR Printing House, Cesky Tesin
Printed in Czech Republik
ISBN 978-3-7615-6181-2 (Print)
ISBN 978-3-7615-6182-9 (E-Book)

www.neukirchener-verlage.de

Inhalt

Gottes unerschöpfliche Liebe

Titus Müller

Gott spielt im Dunkeln Gitarre für mich

Wenn Sie mich bei einer Lesung sehen, denken Sie vermutlich, mein Leben sei sehr ordentlich. Aber wissen Sie, das stimmt gar nicht. Ich habe peinliche Schlafanzüge. Einer ist aus weinroter Seide, über und über bedruckt mit gelben Vierecken, dass einem die Augen schmerzen. Einen anderen, den ich gern hatte, habe ich wohl mit den falschen Sachen in die Waschmaschine gesteckt. Früher war er grau, aber nun sieht er aus, als wäre ich mit ihm im Kohlenkeller spazieren gegangen. Eine zerrissene Schlafanzughose habe ich noch, die ich mit einem T-Shirt ergänzen muss, weil das Oberteil seit Jahren fehlt (ich glaube, ich habe es zum Fensterputzen verwendet), und einen Schlafanzug, der mal gut aussah, vor langer Zeit. Inzwischen ist der Sweatshirtkragen so ausgeweitet, dass ein Nilpferd mit seinem Kopf hindurchpassen würde.

Das Verrückte ist, dass man über die anderen, die man nur flüchtig kennt, immer denkt, bei ihnen sei alles perfekt. Das stimmt nie. Heute habe ich eine Pizza in den Ofen getan. Es sind drei Schritte von der Küche bis ins

Zimmer. Bei diesen drei Schritten habe ich die Pizza wieder vergessen. Irgendwann roch es dann komisch.

Oft passiert mir, dass ich einen Topf mit Kartoffeln und Wasser auf den Herd setze. Lange Zeit später fällt mir am Schreibtisch ein, dass ich ja Mittagessen kochen muss, und dann gehe ich in die Küche und das Wasser ist verkocht und die Kartoffeln braten schon und ich denke: Ach ja, ich hatte ja schon angefangen mit dem Kochen!

So ging es mir neulich mit einem Ei. Ich habe mir ein Ei gekocht und es vergessen. Als ich Hunger bekam und in die Küche ging, war kein Wasser mehr im Topf und das Ei zischte auf dem Boden, als würde gleich eine Schlange daraus schlüpfen. Äußerlich sah es unversehrt aus, aber als ich es schälte, war es innen braun gebrannt. Ich habe davon abgebissen. Es schmeckte wie Räucherfisch. Also habe ich es weggeworfen.

Nein, mein Leben verläuft nicht perfekt.

Allerdings bin ich beruflich erfolgreich. Manchmal frage ich mich, wie es Leuten geht, die momentan keine Arbeit haben. Ein „ordentliches Leben" verbinden wir so oft mit der Arbeit, wir definieren uns regelrecht darüber.

Ich bin ein Schubladenmensch. Ich ordne die Menschen nach ihrem Beruf Kategorien zu: Stefan ist Arzt, Basti ist Informatiker, Katrin ist Kleinkindpädagogin. Wenn ich jemanden kennenlerne, frage ich zuerst nach dem Namen, und gleich darauf folgt: „Was machst du beruflich?"

Auch ich identifiziere mich sehr über meinen Beruf. Dabei gibt es so viele Arbeitssuchende! Wie ist das, wenn man seine Arbeit verliert? Ist der Beruf es wert, die Basis im Leben zu sein? Dann wirft einen jede Krise der Arbeitsstelle aus der Bahn.

Wir werden eines Tages Rentner sein – verlieren wir damit unsere Identität? Wir könnten krank werden, unfähig, unsere Arbeit fortzusetzen – verlieren wir damit unseren Wert? Sehen wir dem Monster in die Augen: Die Arbeit ist kein besonders verlässliches Fundament für ein Lebensgebäude.

Sie wissen ja nun, dass ich nicht kochen kann und peinliche Schlafanzüge besitze. Mein Leben ist nicht perfekt. Aber ich brauche ein Fundament, etwas, das mir am Morgen, wenn ich aufstehe, festen Boden unter die Füße gibt. Was ist meine Basis?

Ich weiß, dass da ein überirdisches Wesen ist, das mich liebt. Ich merke es oft. Wenn ich

Gott Fragen stelle, bekomme ich Antworten. Wenn ich um Hilfe schreie, lässt er mich nicht im Stich. Und er liebt mich nicht wegen meines Berufs, so wie ein Vater sein Kind nicht wegen des Berufs liebt, und schon gar nicht wegen meiner Kochkünste oder meiner Schlafanzüge.

Wie man über Gott denkt, hängt oft damit zusammen, wie man als Kind seinen leiblichen Vater erlebt hat. Ich habe früher gern Süßigkeiten genascht. (Und liebe sie heute noch.) Irgendwie war mir das aber vor meinem Vater peinlich, weil er sich selbst überhaupt nichts aus Süßigkeiten machte und so vernünftig und selbstbeherrscht war. Also versteckte ich die Süßigkeiten in der Jackentasche und schlich mich leise in die Wohnung. Ich erinnere mich an eine Situation, als beim Ausziehen der Jacke die Bonbontüte in der Tasche knisterte. In diesem Augenblick trat mein Vater aus seinem Arbeitszimmer und sagte: „Hast du schon wieder dein ganzes Geld für ungesundes Zeug aus dem Fenster geworfen?" Ich habe mich so schlecht gefühlt!

Ich glaube, dass Gott so nicht ist. Er passt nicht auf, wann ich einen Fehler mache, um mich dann mit Verachtung zu strafen. Gott ist, denke ich, wie eine andere Seite meines

Vaters, an die ich mich gern erinnere. Manchmal, wenn meine Brüder und ich abends ins Bett gegangen waren, hat er sich zu uns ins Kinderzimmer gesetzt und im Dunkeln für uns Gitarre gespielt, bis wir eingeschlafen waren. Dieses leise Zupfen der Saiten, die Liebe, die mit der Musik durch das Zimmer schwebte, werde ich nie vergessen.

So ist Gott zu mir. Er spielt im Dunkeln Gitarre für mich. Weder mein Schlafanzug noch meine Arbeit bringen ihn davon ab.

Sabine Kley

Abendgeschenk

Nachdem ich meinen Hühnern Gute Nacht gesagt, ihnen die letzten Streicheleinheiten verabreicht und ein frisch gelegtes Ei mitgenommen hatte, legte ich mich kurz in den Liegestuhl, um mich dem Ausklang des Tages hinzugeben. Ich liebe diesen Übergang vom Tag zum Abend.

Die Luft wurde kühler, es kehrte mehr Ruhe ein, rundherum. In dieser Atmosphäre konnte ich mich so richtig entspannen. Kein Termin stand mehr an, nichts drängte mich, ich durfte einfach sein. Während meine Augen den Himmel beobachteten, sah ich, wie sich die weißen Wolken verflüchtigten. Dann blickte ich zur Seite und entdeckte, wie eine schwarze Spinne sich vom Balkongeländer langsam nach unten seilte. Ein neugieriger Marder huschte an mir vorbei. Ich war froh, dass der Hühnerstall geschlossen war, ebenso die Garage. Diese Orte lieben Marder ganz besonders. Mir reichte der eine Marderschaden an einem früheren Auto, der teuer bezahlt werden musste.

Und wieder blieben meine Augen an dem sich veränderten Himmel hängen. Da glitzerte es plötzlich. Erst vermutete ich, dass es ein Flugzeug wäre. Dann bemerkte ich aber, dass sich der Punkt nicht bewegte. Somit konnte es nur ein Stern sein, auch wenn ich weit und breit keinen weiteren Stern entdecken konnte. Wie ich mich freute! Es war, als wäre er allein für mich an den Himmel geheftet worden. Ich musste an Worte von Sören Kierkegaard denken:

Die Sonne scheint für dich – deinethalben, und wenn sie müde wird, fängt der Mond an, und dann werden die Sterne angezündet.

Alles geschieht aus Liebe unseres himmlischen Vaters zu uns. Und so verstand ich auch dieses Erlebnis als einen himmlischen Liebesbeweis.

Andrea Schwarz

Von Gott umarmt

Am Anfang
dein Wort

mir
zugesagt

und
Mensch geworden

in mir
durch mich

zum Leben gerufen
weil du mich liebst

seitdem geht deine Liebe
mir nach

umkost mich
und will mich

schenkt sich
und traut mir

und
will mich

lieben
geliebt

berührt
gehalten

umarmt
und losgelassen

geliebt
zu lieben

dein Ja
zum Leben

dein Wort
mein Sein

deine Liebe
mein Leben

mein Leben
deine Liebe

mein Sein
dein Wort

Bernd Bierbaum

Von Gott gewollt

Es klingelte. Ich guckte auf die Uhr. Nein, die Zeit passte mir eigentlich überhaupt nicht. Aber trotzdem ging ich an die Tür und öffnete sie. Vor mir stand ein junges Mädchen, 14 Jahre alt. Eine Konfirmandin. Ein nettes Mädchen. Aber jetzt war sie tränenüberströmt. Irgendwann hatte sie wohl versucht, sich zu schminken. Das war jetzt alles zerlaufen und über das Gesicht verteilt.

„Kann ich Sie sprechen?", fragte sie. „Ja, natürlich!", antwortete ich, und wir gingen in mein Arbeitszimmer. Sie setzte sich in den Sessel und sagte erst einmal gar nichts, sie weinte nur; besser gesagt: Weinkrämpfe schüttelten sie. Und dann brach es aus ihr heraus. Sie hatte eine Auseinandersetzung mit ihrer Mutter. Es wurde laut und lauter. Die Diskussion war gar nicht mehr erkennbar. Beide hatten schon längst vergessen, worum es ging. Und dann schrie die Mutter sie an: „Du warst gar nicht gewollt. Du bist nur ein Betriebsunfall!" Das Mädchen zuckte zusammen. Entsetzt rannte sie hinaus, knallte die Tür zu, griff sich den Mantel und lief geradewegs zu mir, dem Pastor.

„Ein Betriebsunfall!", schluchzte sie. „Was soll ich machen? Meine Mutter liebt mich nicht. Mein Vater auch nicht!" Ihre ganze Welt war zusammengebrochen. Alles, worauf sie sich verlassen hatte, existierte nicht mehr, sie war ja nur durch Zufall auf der Welt.

Was sollte ich sagen? Was sollte ich machen? Ich betete still: „Herr Jesus, gib mir die richtigen Gedanken. Gib mir die richtigen Worte!" Und das tat er dann auch. Wir lasen gemeinsam in der Bibel.

Nein, das Mädchen mir gegenüber war kein Betriebsunfall. Gott hatte sie gewollt. Und sie war nicht auf der Welt, nur weil irgendetwas technisch nicht geklappt hatte, sondern weil Gott sie gewollt hatte! Was für ein Wunder!

Die Tränen wurden weniger und dann sagte sie: „Lesen Sie das bitte noch einmal vor." Das tat ich, und dann buchstabierten wir es zusammen durch, was das für sie bedeutete, dass sie Gott so unendlich wichtig ist. Und ihre Eltern hatten überhaupt keinen Einfluss darauf, dass Gott sie gewollt hat.

Es dauerte noch etwas, aber langsam setzte sich diese wunderbare Erkenntnis durch, dass sie auf der Welt war, weil Gott es so gewollt hatte. Und die andere Erkenntnis natürlich auch: Wenn Gott sie schon gewollt hatte, dann hatte er mit ihr auch noch etwas vor.

Sie ging getröstet nach Hause und hatte eine Nachricht für ihre Mutter. Eine gute Nachricht. Auch die, dass ihre Eltern bei Gottes Plan mithelfen durften.

Elisabeth Währisch

Das Gesangbuch-Barometer

Wir stießen auf das Plakat, als wir die Wohnung der alten Dame auflösten. Es war schon ein wenig vergilbt, doch das, was darauf stand, konnte nicht veralten. Mit ihrer großzügigen, schönen Handschrift hatte die Dame obenhin gesetzt:

„Anleitung zur inneren Einstellung bei jeweiligem Barometerstand." In die Mitte hatte sie ein Barometer gezeichnet, darum herum waren Verse aus dem Gesangbuch aufgeschrieben.

Wir sahen uns das vergilbte Plakat näher an. Da stand neben dem Begriff „Stürmisch": „Ob's mit Macht gleich blitzt und kracht, ob gleich Sünd und Hölle schrecken, Jesus will mich decken."

Wir wussten: Es hatte viele stürmische Zeiten in ihrem Leben gegeben. Der Krieg vernichtete ihre Wohnung, der Sohn fiel in Russland, ihr Alter war überschattet von schwerer Krankheit; aber die Zusage Jesu: „Ich bin bei euch alle Tage", hatte sie durch alle Stürme hindurchgetragen.

„Veränderlich", stand da, und daneben: „Der Wolken, Luft und Winden / gibt Wege, Lauf

und Bahn, / der wird auch Wege finden / da
dein Fuß gehen kann." Auch diese Erfahrung
hatte sie wohl immer wieder neu machen dürfen in den turbulenten Kriegs- und Nach-
kriegsjahren. Doch auch die fröhliche Seite
kam nicht zu kurz. Es gab auch viel „Schönes
Wetter" in ihrem Leben. So stand unter dem
Wort „Sonnig": „Die Sonne, die mir lachet /
ist mein Herr, Jesus Christ ..." und bei „Schön
und trocken" der von ihr so geliebte Vers:
„Wenn am Schemel seiner Füße / und am
Thron schon solch ein Schein, / o, was muss
an seinem Herzen / erst für Glanz und Won-
ne sein."

Hatte sie dieses Plakat als Anstoß für sich
selbst aufgeschrieben? Oder für ihren Mann,
der lange vor ihr starb? Da niemand Anspruch
darauf erhob, nahm ich es mit heim und häng-
te es an die Wand unseres Gästezimmers. Und
als ich dann eines Tages von meinem Arzt
Auskünfte bekam, die mir nicht sehr gefielen
und die mein Leben radikal veränderten, las
ich, was dort auf dem alten Plakat in der alten
deutschen Sütterlinschrift unter dem Sätzchen „Bei fallender Tendenz" stand:

„Und was er mit mir machen will, ist alles
mir gelegen. Ich halte ihm im Glauben still
und hoff auf seinen Segen. Denn was er tut, ist

immer gut, und wer von ihm behütet ruht, ist sicher allerwegen."

Ein altes Plakat? Ein alter Vers? Ja, alt und doch immer wieder neu und hilfreich!

Doch ich darf nicht vergessen zu berichten, womit das Plakat endet: Da steht unter dem Sätzchen „Bei steigender Tendenz" der folgende Vers:

„Wenn der Winter ausgeschneiet,
tritt der schöne Sommer ein.
Also wird auch nach der Pein
wer's erwarten kann, erfreuet.
Alles Ding währt seine Zeit,
Gottes Lieb in Ewigkeit."

Und weil diese Liebe in Ewigkeit auch über unserm Leben bleibt, kann unser Lebensbarometer nie so tief fallen, dass wir jemals verzweifeln müssten.

Axel Kühner

Alle Blumen brauchen Sonne

In einem Lied vergangener Jahre heißt es: „Alle Blumen brauchen Sonne, um zu blühen und um zu leben. Alle Menschen brauchen Liebe, und ich will dir Liebe geben!"

Im Frühling und Sommer kann man sehen, wie sich die Blumen unter dem wärmenden Licht der Sonne öffnen, ihre Blütenpracht entfalten und sich in der Kühle der Nacht wieder schließen. – So können Worte der Liebe ein Menschenleben zur Entfaltung und Blüte bringen. In der Wärme einer bergenden Umgebung öffnen sich Menschen und leuchten. Vertrauen strahlen sie aus, und Freude lacht aus ihren Gesichtern. Andererseits können Kälte und finstere Absichten einen Menschen verschließen und bedrücken. Viele Menschen verkümmern auf der Schattenseite des Lebens, ohne die Sonne der Liebe und die Wärme von Zuneigung zu erleben. Darum möchte Gott uns Menschen wie eine freundliche Sonne Licht geben und Wärme schenken. Unter seiner göttlichen Liebe darf unser menschliches Leben aufblühen und seine ganze Pracht entfalten. Wenden wir unser Gesicht seiner Liebe zu, dann fallen die Schatten hinter uns. Gott möchte uns mit seiner Freundlichkeit öffnen und mit seiner Barmherzigkeit wärmen.

Ohne Gottes Liebe werden wir verkümmern. Unsere Jahre werden freudlos und ohne Glanz bleiben. Aber wenn uns die Sonne der Liebe Gottes lacht, wird auch unsere Antwort Freundlichkeit und Fröhlichkeit sein. Alle Menschen brauchen Liebe, und Gott will uns Liebe geben!

Du durchdringest alles,
lass dein schönstes Lichte,
Herr, berühren mein Gesichte.
Wie die zarten Blumen
willig sich entfalten
und der Sonne stillehalten,
lass mich so,
still und froh,
deine Strahlen fassen
und dich wirken lassen!
(Gerhard Tersteegen)

Birgit Winterhoff

Mutmacher statt Miesmacher

Und wieder ist es Herbst. Herbstzeit ist für mich Kerzenzeit. Ich mag Kerzen in den unterschiedlichen Varianten – als Windlicht oder Teelicht oder als wuchtige Altarkerze. Andere Lichter sind heller. Etwa die vielen Glühbirnen in unseren Häusern und Wohnungen. Ein Druck auf den Knopf, ein Dreh am Schalter und es wird hell im Haus. Oder die Flutlichtanlagen in den Fußballstadien. Sie machen ein großes Gelände taghell. Wir haben uns längst daran gewöhnt, auch in der dunklen Jahreszeit im Hellen zu leben.

Verglichen mit all diesen großen Lampen oder Flutlichtanlagen ist eine Kerze unbedeutend und klein. Sie macht nicht viel her. Und wie leicht verlischt sie. „... den glimmenden Docht wird Gott nicht auslöschen", heißt es in der Bibel. Ein Bild der Hoffnung. Gott löscht den glimmenden Docht nicht aus. Er liebt auch die kleinen Lichter. Auch die, für die es gerade eben nur noch zum Glimmen reicht. Ohne Bild gesagt: Er gibt keinen Menschen auf. Mit großer Geduld facht er unser Lebenslicht immer wieder an. Das hat Konsequenzen. Wir können hoffnungsvoll mit uns selbst umgehen! Wir brauchen uns nicht für unwichtig und unnötig halten, denn jeder und jede ist geliebtes Geschöpf Gottes, das seine Leuchtkraft vor ihm nie verliert. Grund zum Staunen – Grund zum Danken – Grund zur Hoffnung. Können Sie sich als kostbaren Sohn, als kostbare Tochter Gottes sehen? Ein guter Test sind unsere Selbstgespräche. Was sagen Sie da?

Vielleicht: „Warum muss mir immer so etwas passieren?" Oder: „Allen geht es gut – nur mir geht es schlecht!" Welchen Inhalt haben Ihre Selbstgespräche? Einen negativen? Einen positiven?

Es ist schön, wenn in den Selbstgesprächen auch der Dank Gott gegenüber ausgedrückt wird. Dann kann ein Selbstgespräch zum Gebet werden, zum Beispiel: „Danke, Gott, dass die Arbeit gelungen ist. Danke für das gute Gespräch." Und wenn Sie in den Spiegel schauen, dann schaut Sie ein geliebtes Geschöpf Gottes an. Und ein begabtes dazu. Wenn das nicht Grund ist, liebevoll und geduldig mit sich selbst umzugehen!

„… den glimmenden Docht wird Gott nicht auslöschen." Das Wort weist noch in eine andere Richtung. Wenn Gott keinen Menschen aufgibt, dürfen auch wir keinen aufgeben. Wer einen Menschen aufgibt, tut Gott weh. So wie Gott mir mit Geduld und Liebe begegnet, so macht er es mit andern Menschen auch. Wie Gott mir Raum und Zeit zur Umkehr gibt, so soll ich andern auch Zeit geben. Wenn wir doch endlich aufhören würden, über andere Menschen Jüngstes Gericht zu halten!

Mutmacher sind nötig – keine Miesmacher! Menschen also, die eine große Hoffnung für andere haben. Oft meinen wir genau zu wissen, wie der andere reagieren muss, wie er sich entwickeln wird, was er denkt und tut. Dabei erliegen wir immer wieder Täuschungen. Das Gebet für einen Menschen ist ein erster wichtiger Schritt aus diesen Täuschungen heraus. Das Gespräch miteinander und nicht übereinander ein weiterer. Unsere Hoffnung für andere erweist sich in der Art, wie wir Menschen begegnen. Denn: „... den glimmenden Docht wird Gott nicht auslöschen."

Wenn zwei sich lieben ...

Kerstin Wendel

Das, was man Liebe nennt

„Darf ich dir meine Freundin vorstellen?"
Sven schaut mich erwartungsvoll an. Natürlich darf er. In mir die ganze Palette freudigen
Erstaunens, die ich immer dann spüre, wenn
jemand doch noch unter die Haube gekommen ist. Ach was, Haube! Kerstin Wendel,
zähme deine Gedanken: Er will dir seine
Freundin vorstellen. Nichts sonst. Sven, mein
Jahrgang. Also ganz schön lebensmittig. Bis-
her ledig, seit ich ihn kenne.

Und da ist sie. Nicole, schlank, hübsches
Gesicht, fröhliche Augen, lustige Ohrringe,
die meine Aufmerksamkeit erregen. Sie blin-
kern hin und her, als wir uns die Hand geben.
Alle Achtung, da hat er aber eine Süße gefunden! Ich blinzele meinem Mann zu; weiß, dass
er gerade Ähnliches gedacht hat.

Immer wieder im Laufe des Polterabends,
den wir gemeinsam mitfeiern, gehen meine
Blicke verstohlen zu den beiden. Nicht aus
Neugier, was ich so erspähen kann. Jedenfalls
nicht hauptsächlich. Was mich anzieht, ist
wohl das, was immer wieder Menschen anzieht, die Verliebte betrachten: Das, was man

Liebe nennt, berührt uns. Das gewisse Etwas zu spüren zwischen ihnen. Wie er sich kümmert, nach ihr schaut. Wie sie seine Gegenwart genießt. Das Neue zwischen ihnen, alles unverbraucht. Voller Erwartung.

Ihre Funken wärmen mich, springen auf mich über. Bin dann nämlich ganz schnell bei mir, bei meiner Liebe! Alles Herzklopfen, alle Erwartung, alle Einzigartigkeit des anderen steht wieder innerlich vor mir. Das gibt Auftrieb! Kein Seufzer über die ach so selige Vergangenheit. Lang, lang ist's her. Alles abgeflacht und abgeflaut zum wöchentlichen Einkauf von seinem Lieblingskäse? Nein, nein.

Liebe ist das, was darüber steht. Über dem Alltagseinkauf. Und was darunter steht, sozusagen als Startbasis. Liebe ist das, was überdauert. Sie muss viel überdauern, bei jedem Paar. Unendlich viele Sorgen, gähnenden Alltag, jede Menge schlechter Eigenschaften von zwei Menschen, Verantwortung, Krankheit, Entscheidungen, Zeitkiller, Arbeit. Da können einem ganz schön die Emotionen ausgehen.

Von dem allen ahnen Sven und Nicole wohl wenig im Augenblick. Und das ist gut so. Liebe ist nämlich stark. Sie will sich nicht erschüttern lassen. Genau das ist zu spüren. Jetzt werden beide erst einmal stark in der Liebe. Einige Tage später im Gottesdienst. Sven ist da. Heute allein. Aber unsichtbar ist Nicole da. Und wie! War Sven immer so fröhlich und aufrecht auf seinem Gottesdienststuhl? Nein, das war er nicht. Oft habe ich ihn ein wenig bedrückt gesehen, nur ein wenig. Aber es hatte gereicht, um jetzt seine Freude wahrzunehmen. Oh, und die etwas trübe Kleidung, die hat er heute gar nicht an. Das orangefarbene Hemd steht ihm richtig gut. Heute geht er locker für 35 durch.

Ich bitte ihn, einen Türriegel zu öffnen, den ich alleine nicht aufbekomme. Eine Woge von Eifer, Lebensfreude und Glück schwappt auf mich über. Am liebsten hätte ich ihn gleich noch einmal um eine Gefälligkeit gebeten. Es ist wohl wirklich die große Liebe. Die, die lebensverändernde Kraft hat.

Ich freue mich für Sven und bitte Gott, dass er dieses Glück behütet, in allem, was noch kommt. Und ich denke an mein Glück. Jedes dieser Sven-und-Nicole-Pärchen ist ein kleines Erinnerungszeichen im Alltag. Es sagt: Da kommt ihr her, von dieser Kraft. Lasst euch was einfallen, damit die Liebe gefüttert und genährt wird.

Achim Kaupp

Gott schuf die Liebe

Am Abend des fünften Tages betrachtete Gott sein Werk. Er hatte das Licht von der Dunkelheit und das Land vom Wasser getrennt. Er hatte Sonne, Mond und die unendliche Weite des Alls geschaffen. Auf der Erde ließ er junges Grün hervorsprießen. Alle Arten von Tieren bevölkerten das Wasser, den Himmel und das Land. Gott betrachtete alles und er sah, dass alles sehr gut war.

So wurde es Abend und es wurde Morgen – sechster Tag.

Am Morgen des sechsten Tages sprach Gott: „Nun will ich mein Werk vollenden. Ich möchte etwas schaffen, das über die ganze Welt herrschen soll. Etwas, das mächtiger ist als alles Getier der Erde, größer als die Weiten des Alls und prachtvoller als alle Arten von Pflanzen." So schuf Gott am Morgen des sechsten Tages die Liebe.

Gott hielt die Liebe in seiner Hand und segnete sie. Gott betrachtete die Liebe und er sah, dass sie sehr gut war. Dann sprach Gott: „Diese meine Liebe möchte ich in die Herzen der

Bewohner der Erde legen. Sie soll sie leiten und führen."

So machte sich Gott auf, seine Liebe in die Welt zu bringen.

Zuerst begegnete Gott dem Löwen. Gott sprach: „Löwe, du bist der Mächtigste unter den Tieren, dir will ich meine Liebe schenken – du, der König der Tiere, sollst meine Liebe spüren und in meiner Liebe wohnen."

Der Löwe fühlte sich sehr geehrt und bedankte sich zunächst artig. Dann, nach längerem Betrachten der Liebe, sagte er aber schließlich: „Herr, deine Liebe ist das Größte, was ich je gesehen habe, ich möchte auch nicht undankbar erscheinen, aber dennoch möchte ich dich bitten, deine Liebe an jemand anderen zu verschenken. Ich bin es nicht wert. Bedenke – man nennt mich mit Recht den König der Tiere, denn ich bin mächtiger als alle anderen Tiere. Ich bin gefährlich und schnell, meine Zähne sind scharf, deshalb gebührt mir der Respekt aller Tiere. Deine Liebe aber ist gut, sie zeigt keine Zähne. Sie fürchtet sich nicht, Liebe übt keine Macht, deine Liebe ist gütig. Ein Löwe darf keine Güte kennen. Die Liebe ist sanft. Ich aber bin ein Raubtier."

Gott erkannte die Weisheit in den Worten des Löwen.

Er nahm die Liebe zu sich und machte sich weiter auf die Suche.

Auf einer kleinen Waldlichtung entdeckte Gott ein großes Volk von Waldameisen. Gott betrachtete ihr aufopferungsvolles, geschäftiges Treiben. Jede Ameise setzte sich in den Dienst des ganzen Volkes. Jeder für jeden – keiner wurde alleine gelassen. Gott gefiel die Gemeinschaft der Ameisen, er zeigte ihnen die Liebe, mit der er sie reich beschenken wollte.

Da Ameisen alles gemeinsam beschließen, wurde eine große Ameisenkonferenz einberufen, an deren Ende die Ameisenkönigin vortrat: „Herr, wir Ameisen sind die fleißigsten Geschöpfe unterm Himmelszelt, wir sind klein, aber alle zusammen könnten wir die Liebe tragen und weitertragen. Aber Herr, sieh, wir arbeiten den ganzen Tag, rasch und schnell muss alles vorangehen. Liebe aber braucht Zeit. Liebe hetzt nicht und sie lässt sich nicht hetzen. Die Liebe ist langmütig. Sie ist geduldig und sie lässt sich nicht unterordnen. Sieh unseren Bau. Ein Sturm kann ihn heute hinwegfegen und morgen in alle Winde verwehen. Deine Liebe ist fest. Sie steht beständig. Wahre Liebe ist jedem Sturm gewachsen und erträgt alle Not."

Gott nahm die Liebe und machte sich weiter auf die Suche.

Ganz am Ende der Welt, dort, wo das Meer die Erde zu verschlingen schien, besuchte er die alte Meeresschildkröte. Sie war der älteste Erdenbewohner, an Weisheit, Erfahrung und Ruhe reicher als alle anderen Geschöpfe.

Die Meeresschildkröte besann sich lange über das reiche Geschenk Gottes. Dann aber legte sie es zurück in seine Hände. Sie wies auf ihren Panzer und sagte ruhig und bedacht: „Mein schützender Panzer ist hart und kalt, in ihm sind meine Lebenslinien gezeichnet und eingeprägt. Liebe aber sprengt alle Panzer, niemals ist sie hart. Wo Kälte wohnt, bringt sie Wärme. Liebe ist nicht fest, Liebe will geformt und angelegt werden. Liebe lässt sich nicht vorherbestimmen, sie lässt sich nicht aufzeichnen oder einprägen. Liebe lässt sich nicht aufbewahren oder archivieren. Sie lebt nur im Jetzt. Deine Liebe muss heute gelebt sein. Die Liebe braucht weder Alter noch Weisheit. Liebe braucht Mut, sie heute zu leben."

So suchte Gott den ganzen Tag, ohne dass er seine Liebe auch nur ein einziges Mal wirklich verschenken konnte.

Am Abend des sechsten Tages sagte Gott: „Eigens für meine Liebe will ich Geschöpfe schaffen als mein Ebenbild. Sie sollen die Erde in meiner Liebe bewohnen." So schuf Gott am Abend des sechsten Tages den Menschen, als sein Ebenbild schuf er ihn. Als Mann und Frau schuf er sie, Gott schenkte ihnen die Liebe und segnete sie. Er übergab ihnen die Erde mit all ihren Geschöpfen. Dann sprach Gott: „Liebt diese Erde und liebt einander, verschenkt die Liebe und wohnt in meiner Liebe."

So wurde es Abend und es wurde Morgen – siebter Tag.

Am siebten Tag betrachtete Gott sein Werk und er sah, dass alles sehr gut geworden war.

Gott betrachtete die Liebe und er sah, dass sie ohne den Menschen nichts war, und er sah, dass der Mensch ohne die Liebe nicht sein konnte. Gott erkannte, dass das sehr gut war.

So wurden Himmel, Erde und Liebe vollendet und ihr ganzes Gefüge.

Am siebten Tag vollendete Gott das Werk, das er geschaffen hatte, und er ruhte am siebten Tag, nachdem er sein ganzes Werk der Liebe vollbracht hatte.

Joseph von Eichendorff

Der Glückliche

Ich hab' ein Liebchen lieb recht von Herzen,
Hellfrische Augen hat's wie zwei Kerzen,
Und wo sie spielend streifen das Feld,
Ach, wie so lustig glänzet die Welt!

Wie in der Waldnacht zwischen den Schlüften
Plötzlich die Täler sonnig sich klüften,
Funkeln die Ströme, rauscht himmelwärts
Blühende Wildnis – so ist mein Herz!

Wie vom Gebirge ins Meer zu schauen,
Wie wenn der Seefalk, hangend im Blauen,
Zuruft der dämmernden Erd', wo sie blieb?
–
So unermesslich ist rechte Lieb!

Selma Lagerlöf

Wie der Adjunkt
die Pfarrerstochter freite

Denkt nur, als der Adjunkt zum ersten Male um die Pfarrerstochter freite, wollte sie ihn nicht nehmen.

Die Pfarrerstochter war jung, dazumal. Nachts rollte sie das Haar in Papilloten, und am Tage trug sie es in großen schweren Locken. Sie hatte lange weiße Perlen als Ohrgehänge, und sie war sehr schön.

Die Pfarrerstochter war sehr umworben, ja geradezu von Freiern umringt. Sie ging eben einher und überlegte bei sich selbst, ob sie einen jungen Baron heiraten sollte, der nun sein väterliches Erbe angetreten hatte, oder ob es klüger sei, mit einem Vetter vorlieb zu nehmen, der gerade in Malmö zum Ratsherrn gewählt werden sollte.

Beide waren schöne Männer, aber der Adjunkt war hässlich. Namentlich seine Hände konnte die Pfarrerstochter nicht ansehen. In seiner Kindheit war er als Bettler auf der Landstraße umhergestrichen, und da waren sie so erfroren, dass sie immer rot und verschwollen aussahen.

Der Adjunkt sah auf seine alten Tage besser aus; da hatte er graues Haar. Als er jung war, schaute er gar zu wild und sonderbar drein, mit diesem Wald von schwarzen Haaren. Er hätte es wohl auch nie zum Propst und Dompropst gebracht, wenn er nicht recht früh graue Haare und Augenbrauen bekommen hätte. Vorher sah er wie ein Räuber aus, und das konnte ja nicht für einen Geistlichen passen.

Die Pfarrerstochter pflegte zu erzählen, dass, als der Adjunkt in den Pfarrhof kam, um ihrem Vater bei seinen Predigten und bei der Führung der Kirchenbücher behilflich zu sein, und da einzog, die Schuhe an einem Stock über die Schulter gehängt, nicht viel gefehlt habe, und ihre Mutter hätte ihn für einen Zigeuner gehalten und ihn fortgewiesen. Die alte Pfarrerin konnte es nie lassen, um ihr Silber zu zittern, wenn der Adjunkt in das Esszimmer kam, und der alte Pfarrer predigte Sonntag für Sonntag selbst, weil er sich nicht überwinden konnte, diesen wilden Räuber auf die Kanzel hinaufzulassen.

Als der Adjunkt im Pfarrhof aufgenommen wurde, verliebte er sich in die Pfarrerstochter. Das geschah schon beim ersten Mittagessen. Und dies war sicherlich nicht zu verwundern, denn die Pfarrerstochter hatte weiches, glänzendes braunes Haar, sanfte graue Augen und eine klare rosige Haut. Außerdem war die Form des Gesichts ungemein schön, die Wangen rundeten sich weich und fein zum Halse hinab. Und in jeder Wange war ein kleines Grübchen, das sich noch heute zeigt, wenn sie lächelt.

Es erregte einen förmlichen Schrecken bei der Pfarrerstochter, als sie merkte, dass der Adjunkt ihr gut war. Sie wagte kaum allein in den Garten oder über die Landstraße zu gehen. Wer solche Augen hatte wie der Adjunkt, der konnte wohl auch auf die Idee kommen, ihr aufzulauern und sie zu entführen.

Der alte Pfarrer schrieb in aller Heimlichkeit an den Bischof und das Konsistorium und bat um einen andern Adjunkten. Der, den er jetzt hätte, wäre ein wahrer Wilder, und er könnte ihn nicht brauchen. Er würde wie ein Bauer bei Tische sitzen und die Ellenbogen auf das Tuch stützen.

Er würde auf den Fußboden spucken und trüge grobe Schmierlederstiefel, die Spuren auf den Teppichen hinterließen.

Ganze vier Wochen ging der Adjunkt im Pfarrhof herum, ohne etwas zu tun zu haben. Der Pfarrer wollte ihn weder an die Kirchenbücher noch auf die Kanzel lassen. Der Adjunkt ging stumm umher und wartete, aber äußerte weder Erstaunen noch eine Klage. Er war vollauf damit beschäftigt, der Pfarrerstochter auf allen ihren Wegen und Stegen zu folgen. Sie pflegte in einem kleinen Giebelzimmerchen zu sitzen und zu weben. Der Adjunkt fand heraus, dass, wenn er über einen Heuboden kletterte und dann über einen Schuppen kroch, dessen Dach aus losen Klötzen bestand, er zu einer Luke kam, die einen Blick auf das Fenster der Webkammer ermöglichte. Und in dieser Luke saß der Adjunkt Stunde um Stunde zusammengekauert und sah die Pfarrerstochter bloßarmig und rotwangig am Webstuhl arbeiten.

Es dauerte auch nicht lange, so entdeckte er, wo sie ihr Lieblingsplätzchen im Garten hatte. Der ganze Garten war natürlich von hohen Hecken umgeben, wie es in Schonen der Brauch ist, und man war da ebenso eingeschlossen wie in einer Stube. Aber es gab ein kleines Gatter, das auf die Felder hinausführte, und da pflegte die Pfarrerstochter stundenlang zu stehen und über die wogenden Felder zu blicken. Und während sie da stand, lag der Adjunkt ganz in der Nähe, in dem dichten Roggen verborgen, und verschlang sie mit den Augen.

Als jedoch einige Wochen vergangen waren, bekam der alte Pfarrer vom Bischof den Bescheid, dass er es so haben könnte, wie er es sich wünschte.

Der Pfarrer war darüber so erfreut, dass er keinen Augenblick zögern wollte, den Adjunkten zu verabschieden. Er steckte den Brief des Bischofs in die Tasche und begab sich hinunter in das Zimmer des Adjunkten.

Als der Pfarrer hereinkam, saß der junge Geistliche da und schrieb.

Er verfasste eine Predigt, aber er geriet in solche Verlegenheit, als hätte er einen Liebesbrief geschrieben. Als der Pfarrer ihn fragte, was er denn da in die Schublade schiebe, konnte er kaum sagen, womit er sich beschäftigt hatte.

Der Alte wusste, dass er den Adjunkten jetzt loswurde, und darum war er milder gegen ihn gestimmt als früher. Und zum ersten Male begann er sich zu fragen, woher es wohl komme, dass der Adjunkt so war und warum ein solcher wie er Priester geworden sei. Er begann ihn auszufragen.

Da erzählte der Adjunkt alles. Er hatte immer solche Lust gehabt zu predigen. Er hatte den Bäumen am Straßenrand gepredigt, als er mit seiner Mutter herumzog und bettelte. Er wusste nicht, wann er angefangen hatte, aber er hatte immer Geistlicher werden wollen, nur um predigen zu können.

Der Alte wunderte sich, dass er trotz seiner Armut in die Schule gehen konnte, und der Adjunkt fuhr fort zu erzählen.

Er schien die ganze Schulzeit hindurch gefroren und gehungert zu haben. Aber in allen Bedrängnissen hatte er sich damit getröstet, an den Augenblick zu denken, in dem er seine Stimme erheben und in Gottes Haus reden durfte.

Einmal ums andere steckte der Propst die Hand in die Tasche, um den Brief des Bischofs herauszuziehen, aber er hatte jetzt nicht den Mut, nicht das Herz, es zu tun. Vielmehr bat er den Adjunkten, ihn die Predigt lesen zu lassen, an der er eben arbeitete. Er las sie und schüttelte den Kopf und ging seiner Wege, ohne ein Wort zu sagen. Aber am nächsten Sonntag predigte der Adjunkt, und er machte seine Sache gar nicht so übel.

Der alte Propst ging nun daran, den Adjunkten zu erziehen. Er lehrte ihn predigen und die Kirchenbücher führen, aber er versicherte oft und oft, er habe nie eine größere Selbstverleugnung geübt als an dem Tage, an dem er darauf verzichtete, ihn zu verabschieden.

Es ist einleuchtend: Wenn es einem klugen Manne so schwerfiel, sich mit dem jungen Geistlichen zu befreunden, musste es doch noch viel schwerer für das Pfarrerstöchterlein sein, das so gefeiert und verwöhnt war und nicht mehr als zwanzig Jahre zählte. Es war ein schöner Sonntagnachmittag mitten im Sommer. Der Pfarrhof war voller Gäste, und sie befanden sich alle auf einer Spazierfahrt durch den großen Schlosswald. Die Einzige, die daheimgeblieben war, war die Pfarrerstochter. Sie sollte wohl auf das Haus achtgeben, denn auch die Dienstleute hatten Erlaubnis bekommen, auszugehen, sodass kein Knecht und keine Magd daheim weilte.

Der einzige, der nicht fort war, war der Adjunkt, aber die Pfarrerstochter wusste, dass er sich in die Annexgemeinde begeben sollte, um zu predigen. Sie hätte es vermutlich nicht gewagt, allein daheimzubleiben, wenn sie nicht gewusst hätte, dass er fortgehen musste.

Aber bevor der Adjunkt in die Kirche ging, wollte er sich mit einem Schluck Dünnbier aus dem Silberbecher erquicken, der immer auf dem Anrichtetisch im Speisesaal stand. Und als er in das Zimmer kam und die Pfarrerstochter da allein fand, da hielt er um sie an.

Sie antwortete ohne Bedenken Nein, und er ging seiner Wege, ohne sie zu bitten oder zu drängen. Und die Pfarrerstochter war froh, dass dies Furchtbare jetzt überstanden war.

Sie ging in den Salon und drehte sich dort vor dem Spiegel. Als sie sah, wie fein und leicht und hell sie war, lachte sie über den schwarzen Adjunkten, der geglaubt hatte, er könnte sie bekommen.

Im selben Augenblick zuckte sie ganz erschrocken zusammen. Was hörte sie dann da? Sie lauschte atemlos und angestrengt. Ja, da war bestimmt jemand, der im Nebenzimmer stand und weinte.

Sie vermutete, dass einer von den Gästen nach Hause gekommen war, und ging in den Esssaal, um nachzusehen, wer es sein mochte. Dort drinnen hörte sie das Weinen sehr deutlich, aber sie sah keine lebende Seele im Zimmer. Der Esssaal war groß, aber es gab da keine Stelle, wo jemand sich verbergen konnte. Nichtsdestoweniger guckte die Pfarrerstochter unter den Tisch und hinter die Rohrstühle. Sie sah in der Kaminecke nach, im Schrank und hinter den Türen. Es war kein Mensch im Zimmer.

Aber während sie so suchte, hörte sie deutlich, wie jemand weinte. Und das Weinen kam von einer Stelle in der Nähe des Fensters, ungefähr da, wo der Adjunkt gestanden war, als er um sie gefreit hatte.

Die Pfarrerstochter versuchte sich selbst zu sagen, dass dies nur Einbildung sein konnte. Sie biss die Zähne zusammen und näherte sich mutig der Stelle, von der das Weinen ausging, und dachte, jetzt würde es wohl aufhören, aber es war keine Einbildung: Das Seufzen und Schluchzen war auch weiter zu hören. Jemand weinte hoffnungslos und verzweifelt, nur zwei Schritte von ihr entfernt. Es war ein Schluchzen, wie wenn ein Mensch sich niederwirft und die Hände vors Gesicht schlägt und sich zu Tode weinen will.

Schließlich hatte sie solche Angst, dass sie sich auf einen Stuhl setzen musste, um nicht ohnmächtig umzusinken. Und da saß sie eine volle Viertelstunde ganz still und lauschte, wie der Unsichtbare weinte. Sie konnte kein Glied rühren, sie konnte nicht fliehen, nicht rufen. Sie saß leichenblass da, mit verschlungenen Händen, und bei jedem neuen Schluchzen zuckte sie vor Schrecken zusammen.

Ein einziges Mal während dieser ganzen Zeit regte sie sich. Es fiel ihr ein, dass das Weinen von jemandem vor dem Fenster kommen könnte. Sie zwang sich, aufzustehen, das

Fenster zu öffnen und hinauszuschauen, aber der ganze Hof lag verödet da, und sie setzte sich wieder.

Es schien ihr, dass der Weinende von härterem Leid gequält sein müsse, als sie sich je hatte vorstellen können. Das war eine Seele, die sich in solcher Angst befand, dass Tod und Vernichtung Balsam für sie gewesen wären. Nichts auf der Welt konnte jemanden trösten, der so weinte.

Zum ersten Mal in ihrem Leben begriff sie, was Leiden heißt. Sie hätte mitweinen können, wäre sie nicht vor Schrecken gelähmt gewesen.

Es klang so jammervoll und gequält, als käme es von einer Seele, die aus dem Himmel verwiesen wurde. Dies dauerte, wie gesagt, eine Viertelstunde, bis die Glocke der Annexgemeinde zu läuten begann. Nun hatte der Küster den Adjunkten über den Feldweg herankommen sehen, und da hatte er zu läuten angefangen. Und es fiel ihr ein, dass sie sich gefreut hätte, wenn er gerade jetzt daheim gewesen wäre. Sie wäre glücklich gewesen, wenn sie jemand gehabt hätte, den sie zu sich rufen konnte.

Aber ungefähr zur gleichen Zeit, zu der das Läuten begann, hörte das Weinen auf. Doch –

nun begann die Pfarrerstochter zu weinen. Sie war so aufgewühlt, dass sie weinte, bis die Hausgenossen von dem Ausflug zurückkehrten.

„Möchte niemand je um meinetwillen so weinen müssen!", dachte sie. „Möchte ich nie solchen Schmerz verursachen!"

Als sie Wagenräder rollen hörte, lief sie den Heimkehrenden entgegen und wollte natürlich gleich erzählen, was geschehen war. Aber da schlossen sich ihre Lippen, und sie konnte nichts sagen. „Das war für dich", sagte etwas in ihr, „du und kein anderer solltest es hören."

Den ganzen Nachmittag hatte sie das Gefühl, dass sie sich in einer anderen Welt befand. Alles, was man tat, alles, wovon man sprach, schien ihr so seltsam fremd.

Aber plötzlich zuckte sie zusammen und war ganz hellwach. Sie stand gerade in der Küche und hörte die Mägde davon sprechen, dass der Adjunkt an diesem Nachmittag so seltsam gepredigt hatte. Jeder Mensch in der Kirche hätte weinen müssen. Worüber hatte er gesprochen?

Er hatte von dem Jammer der sündigen Seelen gesprochen, die vom Paradiese ausgeschlossen sind.

Da erschrak die Pfarrerstochter. Sie glaubte, dass eine große Sünde auf ihr lastete, die sie sühnen musste.

Nach dem Abendbrot, als der Adjunkt gute Nacht gesagt hatte, folgte ihm die Pfarrerstochter in den Vorraum.

„Herr Pastor, um Gottes willen, sagen Sie mir die Wahrheit!", sagte sie. „Haben Sie heute Nachmittag geweint, als Sie zur Kirche gingen?"

„Das habe ich", sagte er, „ich konnte es nicht lassen."

Da wusste die Pfarrerstochter, dass er es war, den sie gehört hatte. Es war ein wunderliches Gefühl in ihrem Herzen, als sie begriff, dass seine Liebe zu ihr so groß war, und dass er ein so tiefes Leid über ihre Weigerung empfunden hatte.

Sie fand es unbeschreiblich schön, so sehr geliebt zu werden, und sie dachte nicht mehr an ihre anderen Freier, und es kam ihr auch gar nicht mehr in den Sinn, wie hässlich und arm der Adjunkt war.

„Ich will nicht, Herr Pastor, dass Sie so unglücklich sind", sagte sie. „Ich will versuchen, Ihnen gut zu sein."

Kerstin Wendel

Ehe-Kläranlage

„Wie kann man nur ..." Kopfschüttelnd und ärgerlich rede ich vor mich hin. Links und rechts meine Walkingstöcke in der Hand, stapfe ich wütend durch den Wald. Da pflegt man nun den besten aller Ehemänner und macht und tut. Und was ist der Dank? Man muss sich Kritik anhören! Das tut man nicht gerne. Ich jedenfalls nicht. Und ich kenne auch keinen, der das sehr schätzt ...

Richtig krank ist er, der Beste. Nicht so ein kleines Grippchen mit jeder Menge Taschentücher und einem leidenden Gesicht. Nein, einen Tinnitus hat er, mit unklarer Diagnose. Und erschöpft ist er. Das sehen viele.

Und die Ehefrau des Besten? Geht die dann in die Stadt einen Cappuccino trinken, um sich abzulenken? Natürlich nicht. Das, was ich zur Versorgung beitragen kann, tue ich. Und darüber hinaus mache ich mir Gedanken. Dieses Mal sogar so viele, dass ich den Arzt befrage. So etwas habe ich noch nie getan. Jetzt muss doch irgendwie mal richtige Hilfe herbei.

Dass es ihm schlecht ging, war erst nach Tagen herausgekommen. Den geplanten Familienbesuch hatte er noch mit durchgezogen. Ob das gut war?, fragte ich mich, als er nach Tagen damit rausrückte: „Du, ich habe da so ein Geräusch im Ohr ..." Ich sackte innerlich zusammen, denn diese Diagnose hatten wir schon von so manch einem gehört. Und immer hatte es mit Überforderung zu tun. Ich will nicht, dass es Uli richtig schlecht geht!

Tage später. Er liegt nicht mehr im Bett. Die ersten Behandlungen laufen. Und nun bekomme ich zu hören, dass ihm das nicht gepasst habe, wie ich mich eingemischt habe. Sicher, wir haben in den letzten Jahren gelernt, uns mehr Eigenständigkeit zuzugestehen. Das hat unserer Ehe einen großen Wachstumsschub gegeben. Ein Telefonat mit seinem Arzt passt da nicht hinein. Das sehe ich auch so ... aber gibt es nicht Ausnahmen? Nein, für Uli gibt es heute keine Ausnahme. Ich muss jetzt erst mal an die Luft. Wirklich, wie kann man nur ... Und wo ich nun schon so richtig in Fahrt bin mit meiner Wut, da fällt mir noch eine ganze Menge ein, was in der letzten Zeit auch alles schiefgelaufen ist vonseiten des besten aller Ehemänner. Wie sieht denn überhaupt der Keller aus ...?!

Die erste Runde im Wald ist schon vorbei. Wie soll ich jetzt nach Hause kommen? Und ich bin immer noch nicht klar mit dem Ganzen. Ich sehe gar keinen Ausweg. Das gibt es doch gar nicht. Es gibt doch immer Lösungen bei mir. Jetzt fällt mir doch partout nichts ein.

Mürrisch beginne ich, mit Jesus zu reden. Schalte sozusagen meine Ehe-Kläranlage ein. Von einer weisen Frau habe ich erst vor Kurzem den Rat bekommen, alles, was mich an Uli stört, meine Ängste um ihn, meine unguten Gefühle ihm gegenüber zunächst mit Gott zu klären, damit wir dann aus einer anderen, besseren Perspektive miteinander reden können.

Erst tut sich gar nichts. Ich fühle mich einfach gnadenlos im Recht. Außerdem bin ich erschöpft. Und dann bin ich immer ziemlich gut in Sachen Selbstmitleid. Also, noch eine Runde walken.

Dann empfinde ich plötzlich Abstand zu unserem Streit. Es ist fast so, als wenn ich aus luftiger Höhe auf uns beide schauen kann. Ich merke: Ich kann das alles ernst nehmen, was da war, aber es ist doch nicht so wichtig, als dass es jetzt nach vorne keinen Weg zueinander gäbe. Haben wir nicht beide eigentlich aus Liebe gehandelt? Auch, wenn es völlig anders beim anderen ankam? Aus Liebe hat Uli mich nicht gleich beiseitegenommen, damit ich den Besuch noch unbeschwert erleben konnte und die sich anschließende Arbeit erledigen konnte. Schonen wollte er mich. Aus Liebe hatte ich zum Telefonhörer gegriffen, weil ich weiß, dass es ihm schwerfällt, für sich zu kämpfen. Jeder hatte es gut gemeint. Und das hat alles nichts genützt! Ich ... vermisste Vertrauen und Durchsetzungskraft, er ... vermisste Abstand und Selbstständigkeit. Und wir beide sind aufgewühlt durch seine Krankheit.

Mit einem Mal ist der Ärger weg, und zurück bleibt ein ganz seltsames Gefühl: Das Ganze ist ein großes Missverständnis! Es darf uns keine weitere Minute kosten, denn eigentlich ist alles in Ordnung bei uns. Eigentlich ist alles gut! Manchmal handelt man aus Liebe, und es kommt gar nicht bei dem anderen an.

Jetzt kommt der Rückweg meiner Walkingrunde! Noch zwei Abbiegungen, dann bin ich daheim. Noch bevor ich dusche, werde ich Uli von meinem Höhenflug erzählen oder von der Kanalreinigung mitten im Wald. Ich kann ihm jetzt wieder frei begegnen und ich bin mir sicher, dass wir einen Weg für seine gesundheitliche Besserung finden, den er gut annehmen kann. Vielleicht ist es für mich nur der drittbeste Weg. Das soll in Ordnung sein.

Auch Uli ist bereits vorbereitet. Auch er möchte nach vorne gehen, hat sich durchpusten lassen, ist wieder offen für mich.

Wie gut, dass wir den Dritten im Bund haben!

Joseph von Eichendorff

Neue Liebe

Herz, mein Herz, warum so fröhlich,
So voll Unruh' und zerstreut,
Als käm' über Berge selig
Schon die schöne Frühlingszeit?

Weil ein liebes Mädchen wieder
Herzlich an dein Herz sich drückt,
Schaust du fröhlich auf und nieder,
Erd' und Himmel dich erquickt.

Und ich hab' die Fenster offen,
Neu zieh' in die Welt hinein
Altes Bangen, altes Hoffen!
Frühling, Frühling soll es sein!

Still kann ich hier nicht mehr bleiben,
Durch die Brust ein Singen irrt,
Doch zu licht ist's mir zum Schreiben,
Und ich bin so froh verwirrt.

Also schlendr' ich durch die Gassen,
Menschen gehen her und hin,
Weiß nicht, was ich tu und lasse,
Nur, dass ich so glücklich bin.

Axel Kühner

Lieben heißt neu beginnen

Neulich habe ich meine Freundin zum ersten Mal bei ihr zu Hause besucht. Sie hat ein wunderschönes Haus, aber sie hatte mir so viel von ihrem Garten erzählt, dass ich ihn mir gleich anschauen wollte. Ich trat also auf die Terrasse, und was mir als Erstes ins Auge fiel, war ein Apfelbaum, der über und über mit Blüten bedeckt war.

„Was für ein wundervoller Baum!", sagte ich zu ihr. „Und wie er blüht! Was ist das Geheimnis, dass er so gut gedeiht?", fragte ich meine Freundin.

Sie lächelte ein bisschen versonnen und erzählte mir dann: „Vor einigen Jahren hatten mein Mann und ich uns ziemlich auseinandergelebt. Wir hatten uns nichts mehr zu sagen, unsere Beziehung schien uns nur noch langweilig zu sein. Eigentlich wollten wir beide nicht mehr und nur noch weg aus diesem Leben. Irgendwann schafften wir es, endlich einmal darüber zu reden, und überlegten uns einen Plan: Mein Mann hatte kurz zuvor einen jungen Apfelbaum gepflanzt, den wir nun sozusagen als Orakel für unsere Liebe nutzen wollten: Sollte er Wurzeln treiben und blühen, dann wollten wir das als Zeichen dafür sehen, um beieinander zu bleiben. Sollte er aber eingehen und sterben, sollte auch das ein Zeichen sein, und wir würden uns scheiden lassen."

Sie machte eine kurze Pause und lächelte noch einmal. Dann fuhr sie fort: „Und in der Nacht darauf ertappten wir uns gegenseitig dabei, wie wir heimlich mit der Gießkanne zum Baum liefen und ihn tränkten."

Heinrich Heine

Am Teetisch

Sie saßen und tranken am Teetisch,
Und sprachen von Liebe viel.
Die Herren, die waren ästhetisch,
Die Damen von zartem Gefühl.

„Die Liebe muss sein platonisch",
Der dürre Hofrat sprach.
Die Hofrätin lächelt ironisch,
Und dennoch seufzet sie: „Ach!"

Der Domherr öffnet den Mund weit:
„Die Liebe sei nicht zu roh,
Sie schadet sonst der Gesundheit."
Das Fräulein lispelt: „Wieso?"

Die Gräfin spricht wehmütig:
„Die Liebe ist eine Passion!"
Und präsentieret gütig
Die Tasse dem Herren Baron.

Am Tische war noch ein Plätzchen;
Mein Liebchen, da hast du gefehlt.
Du hättest so hübsch, mein Schätzchen,
Von deiner Liebe erzählt.

Zwischenmenschliches

Ingrid Boller

Gemeinsam funktioniert's!

Heute ist ein klarer, wenn auch kühler Herbst-
tag. Die Sonne scheint, aber sie hat nicht mehr
so viel Kraft, und die ersten Nachtfröste lassen
keinen Zweifel, dass es nicht mehr lange dauert, bis der Winter kommt.

Was ist denn das für ein Lärm? Zuerst weiß
ich gar nicht, woher er kommt, aber dann
wandert mein Blick sofort nach oben. „Krru-
KrruKrru" – die Kraniche fliegen. Noch kann
ich die Tiere nicht sehen, aber ihre Rufe werden immer lauter und deutlicher. Sorgfältig
suche ich den Himmel ab. Sie müssten von
Norden oder Osten kommen ... und schließlich entdecke ich sie. Deutlich kann ich die
keilartige Zugformation erkennen. Wie viele
Vögel das wohl sind? Auf jeden Fall mehr als
hundert. Unglaublich, wie sie es schaffen, in
diesen Reihen zu fliegen. Natürlich tanzen,
besser gesagt fliegen, auch ein paar aus der
Reihe. Dort hat sich sogar eine kleine Gruppe
aus dem Hauptschwarm ausgeklinkt – oder
waren die einfach etwas spät dran und müssen
nun sehen, dass sie den Anschluss bekommen?

Inzwischen ist der Schwarm direkt über mir, allerdings sehr weit oben. Schade, ich würde mir diese imposanten Vögel gern näher ansehen.

Ein Kranich, der auf einem Feld oder einer Wiese nach Nahrung sucht, ist eine auffällige Erscheinung. Die großen, grauen Schreitvögel mit den langen Beinen und dem langen Hals haben als besonderes Kennzeichen einen leuchtend roten Scheitelfleck auf dem Kopf.

Wo sie wohl eine Pause einlegen werden? Immerhin kommen die Tiere aus ihren Brutgebieten und sind auf dem Weg in die südlichen Winterquartiere. In der Regel fliegen sie bis zu hundert Kilometer am Tag, schaffen aber auch sagenhafte zweitausend Kilometer ohne Zwischenlandung. Wenn der Rückenwind stimmt, können sie sogar mit einem Auto auf der Landstraße mithalten.

Es ist einfach faszinierend. Instinktiv wissen die Kraniche, wann sie abfliegen müssen und in welche Richtung die Reise geht.

Manchmal wünsche ich mir auch einen solch sicheren Instinkt für meinen nächsten Lebensschritt. Soll ich das tun oder jenes? Wie soll ich in dieser Sache entscheiden, die ich schon so lange vor mir herschiebe? Wäre es nicht schön, einfach losfliegen zu können, ohne großartig nachdenken und planen zu müssen? Sich einfach in eine Keilformation einreihen und los geht's!

Abgesehen davon, dass das mit dem Fliegen bei mir wohl nicht funktionieren würde – schon allein wegen meiner Höhenangst –, kann ich trotzdem einiges von den Kranichen lernen.

Kraniche bilden große Gemeinschaften, um gefährliche und harte Zeiten zu überstehen. Nicht umsonst hat Gott auch uns Menschen als gemeinschaftliche Wesen erschaffen.

Wir brauchen einander, dann ist vieles einfacher – nicht nur in harten Zeiten. Als Christen suchen wir die Gemeinschaft mit anderen Christen, um uns gegenseitig zu stärken, zu ermutigen und auch zu korrigieren. Und wir wollen jemandem sagen können: „Hey, ich hab' was Tolles erlebt! Ich bin einfach glücklich!"

In einer Gemeinschaft muss ich mich aber auch an bestimmte Regeln halten. Sonst stoße ich andere vor den Kopf, verletze sie vielleicht sogar und isoliere mich letztlich selbst. Dann geht es mir so ähnlich wie dem Kranich, der aus der Reihe fliegt. Auf diese Weise kostet es nämlich wesentlich mehr Kraft, seinen Weg fortzusetzen. Andererseits brauchen wir immer wieder auch Menschen, die aus der Reihe tanzen. Keine Menschen, die uns bewusst verletzen und nur ihren eigenen Vorteil verfolgen. Aber solche, die querdenken, kritisch hinterfragen, für uns ungewöhnliche Dinge tun und damit unsere eingefahrene Sichtweise infrage stellen. Vielleicht merken wir dabei, dass man manches durchaus anders sehen kann und es an der Zeit wäre, dies auch zu tun.

Noch einmal zurück zu den Kranichen: Wenn im Frühjahr die Kraniche zurückkommen, so heißt es, ist das ein untrügliches Zeichen für das Ende des Winters. Also, Ohren und Augen auf, wenn uns nach der kalten Jahreszeit die Frühlingssehnsucht packt.

Silke Meier

Der Wohlfühlpullover – Eine Liebesgeschichte

Der Mais steht hoch auf den Feldern, aber er wird dünner. Die Blätter an den Bäumen sind grün, aber sie werden schwächer. Morgens ziehen lange dünne Spinnweben durch den Garten, und wenn die Sonne es schafft, haben wir wunderbar goldenes Licht. Die letzten Blüten tanken das Licht und geben es in besonders kräftigen Farben wieder. Es wird Herbst. Die quietschgrünen Lampions auf der Terrasse packe ich ein und hole Terrakottaschalen, um in bunten Sand Stumpenkerzen zu stellen. Wenn es abends früher dunkel wird, platziere ich auf einem hohen roten Keramikleuchter ein Teelicht und beklebe mit den Kindern Gläser mit Transparentpapier in vielen Farben. Auf die Treppenstufe vor der Haustüre legen wir Kürbisse. Es ist die Zeit, in der ich im Kleiderschrank nach den langärmeligen Pullis suche. Und ich genieße es, noch leicht sonnengebräunt hineinzuschlüpfen.

Gestern Abend zog ich ein petrolfarbiges Kapuzenshirt vom Kleiderbügel. Wir hatten Museumsfest und es versprach, ein wunder-

schöner Abend zu werden. Auf diesem Fleck-
chen Erde, am Löschteich nahe dem Mu-
seumshof, gibt es kein elektrisches Licht.
Ringsum brannten Fackeln und Scheitholz in
gusseisernen Schalen. Rote und gelbe Lampions hingen tief in den Ästen der Bäume. Auf
dem Teich schwammen Holzstücke mit Lich-
tern in gelben und grünen Bechern. Das alte
Häuschen neben dem Teich schimmerte im
Kerzenschein. Hinter den verstaubten Fenster-
scheiben werkelten drinnen fröhliche Menschen. Hin und wieder hob jemand den Kopf
und schaute auf. Ein Funkeln in den Augen
wärmte in der aufsteigenden Kälte. Gläser
wurden mit Wasser und Wein gefüllt, das ließen die Handbewegungen erahnen. Ich nahm
eine von den gelb-orangefarbenen Decken auf
den Sitzbänken draußen und wickelte mich
ein. Es fühlte sich behaglich an. Aus einer
schlichten Vase auf dem Tisch nahm ich ein
einzelnes der Kastanienblätter und spielte
verträumt damit um die Schale mit Öl, das
frischen Zitronenduft verströmte. Die Feuer-
stellen versprühten ihre Funken und das bren-
nende Holz knisterte. Ansonsten war es still.
Die Gäste in den kleinen Grüppchen rund
ums Haus sprachen mit gedämpfter Stimme.
Nur die Weingläser klirrten beim Anstoßen

und aus der Ferne erschallte helles Kinderlachen.

Der Accordeonista spielte „Ade zur guten Nacht", als ich hoch über den Bäumen den Vollmond stehen sah. Durch die Bäume hindurch waren kleine bunte wackelige Punkte zu entdecken. Yvonne und Laura, die ich vor einer Stunde zum Laternenbasteln gebracht hatte, kamen zurück. Eine Frau zog mit der Gitarre vor der Kinderschar her und stimmte das Lied der „Glühwürmchen" an. Bald waren die hohen Kinderstimmen kräftiger zu hören und die schaukelnden Laternen immer deutlicher zu sehen. Es kam Leben an den alten Löschteich durch diesen nächtlichen Umzug. Die Kinder suchten mit leuchtenden Augen in der Dunkelheit nach ihren Eltern, und sie lachten und strahlten, als sie uns entdeckten.

Mich überrascht immer wieder, wie selbstverständlich die Kinder zeigen, entdeckt und erkannt werden zu wollen. Sie verstecken sich nicht und schämen sich nicht: Sie wollen gefunden und bewundert sein. Sie gehen auf Entdeckungstour, erkunden selbstständig ihre Fähigkeiten und Möglichkeiten und sind erst dann zufrieden, wenn sie sich mitteilen können. Dann schließt sich der Kreis, und ihr kleines Leben ist vollkommen. So möchte ich auch vor Gott sein: Losgehen, entdecken und mich ausprobieren. Fehler machen und das Gleiche noch einmal wiederholen und dann ... nach Hause kommen. Meine Gaben, die ich bekommen habe, möchte ich mit meinem Leben ausfüllen und zurück zu Gott bringen. Ich möchte in meine Aufgaben hineinschlüpfen wie in einen weichen, warmen Pullover und die leeren Hände Gott entgegenstrecken.

Gott wird mir einen Pullover geben, der genau zu mir passt und der Unebenheiten und unliebsame Stellen verdeckt. „Vor allen Dingen habt untereinander beständige Liebe, denn die Liebe deckt auch der Sünden Menge." Diesen Vers aus dem ersten Petrusbrief hat mein Mann als unseren Trauspruch ausgesucht. Ich weiß auch, dass der Vers falsch verstanden werden kann und oft falsch verstanden wurde: Alles zudecken, einhüllen und aus falsch verstandener Liebe zu schweigen – das nimmt dem anderen die Chance, sich zu verändern. Aus Liebe die Schwierigkeiten und Verfehlungen zuzudecken, raubt jede Hoffnung und kann vernichtend wirken. Wie gut, dass ich erfahren habe, dass beständige Liebe heilt und zu Gottes Liebe hinzieht. So kann der Abstand zwischen Gott und dem Menschen beginnen zu schmelzen. Und das hat auch Auswirkungen auf die dunklen Flecken. „Denn die Liebe deckt der Sünden Menge" bedeutet für mich nicht zudecken, sondern aufdecken. Weil die Liebe um alles herum ist: aufdecken lassen können, aufdecken können. Ans Licht bringen, ein ehrliches Geständnis machen und sich der Liebe sicher sein, die bedeckt und heilt.

Phil Bosmans

Die Liebe ist wie die Sonne

Was hältst du von der Sonne?
Für die meisten ist sie das Gewöhnlichste der
Welt.
Und doch wirkt sie jeden Tag Wunder.
Morgens macht sie Licht und Feuer an in der
Welt.
Sie kämpft gegen die Wolken, um uns zu se-
hen und uns einen schönen Tag zu bereiten.
Nachts geht sie auf die andere Seite der Erde,
um die Menschen auch dort mit Licht zu ver-
sorgen.
Lösche die Sonne aus, dann sitzen wir alle in
der schwärzesten Nacht und eisigsten Kälte.

Genauso ist es mit der Liebe.
Geht die Liebe auf in deinem Leben,
bringt sie Licht und Wärme und Wohlbeha-
gen.
Hast du die Liebe, kann dir viel fehlen.
Dann macht es dir nichts aus, zu verzichten
zugunsten von Glück und Freude anderer.
Dann hast du keinen Bedarf an Reichtum und
Luxus und den neuesten technischen Errun-
genschaften.

Wer die Liebe hat, dem kann viel fehlen.

Darum: Halte die Liebe fest!
Wenn die Liebe in deinem Leben untergeht,
werden die Schatten immer größer, und du
gerätst immer tiefer in Nacht und Kälte.
Die Liebe ist wie die Sonne.
Wer sie hat, dem kann viel fehlen.
Aber wem die Liebe fehlt, dem fehlt alles.

Jörg Swoboda

Brüder

„Schau mal hier, das ist meine Kriegsverletzung", sagt Pastor Siegfried Kolbe versonnen lächelnd, als er vom Duschen kommt, und zeigt auf seine verkrüppelten Zehen. „Hier, ganz in der Nähe ist das passiert."

Wir sind für zwei Wochen Lehrer an der baptistischen Bibelschule im russischen Kursk. Siegfried lächelt oft. Sein sonniges Gemüt taut unter den Studenten das Eis der Befangenheit gegenüber uns deutschen Gästen schnell. Meistens wirkt er auf unerklärliche Weise vergnügt, so als ob er sagen wolle: „Mit allen Widrigkeiten des Lebens können wir durch Gottes Hilfe klarkommen." Seine weißen Haare und seine väterliche Art erwecken Vertrauen, sodass mancher auch seine Hilfe als Seelsorger in Anspruch nimmt. Problematische Dinge zuversichtlich anzupacken, gehört zu seiner Lebensart. Deshalb fühle ich mich in seiner Gegenwart wohl und bin gern in einem gemeinsamen Quartier mit ihm.

Am Sonntag predigen wir in der mit 500 Besuchern gefüllten Kirche. Als Siegfried vorgestellt wird, sagt er: „Ich war schon einmal in eurem Land, sogar in eurer Stadt. Das war im Zweiten Weltkrieg. Da kam ich als euer Feind hierher. Ich war beim Kampf um das Traktorenwerk dabei. Ich saß im ersten Panzer, der auf das Werksgelände fuhr. Unser Panzer erhielt sofort einen Volltreffer. Die Granatsplitter schnellten in unserem Panzer von einer Wand zur anderen und zerfetzten meine Kameraden. Ich wurde nur am Fuß verwundet. Blutend kroch ich als einziger Überlebender aus der Bodenluke und lag zwischen den Linien im Kreuzfeuer. Meine Lage war aussichtslos. Das wusste ich. ‚Jetzt muss ich sterben‘, dachte ich. Deshalb zog ich das Neue Testament, das mir meine Eltern geschenkt hatten, aus der Tasche und wollte aus dem Anhang einen Sterbepsalm lesen. Aber dort, wo ich lag, war es zum Lesen zu dunkel. So wälzte ich mich ein paar Meter weiter, wo es heller war. In diesem Augenblick schlug an der Stelle eine Granate ein, an der ich eben noch gelegen hatte. Und das«, jetzt hebt er ein kleines, abgewetztes und in Leder gebundenes Büchlein empor, „das ist dieses Neue Testament von damals." Kein Laut, kein Räuspern oder Husten ist in der großen Versammlung zu hören. Reglos sitzen alle, die Augen auf Siegfrieds Gesicht geheftet. Dann fährt er fort: „Dass ich heute als euer Bruder hier vor euch stehen darf, ist ein Wunder. Das ist Versöhnung, die von Gott kommt."

Noch während seiner letzten Worte und der Übersetzung durch unsere Dolmetscherin Maria Isaak kommt ein ebenfalls weißhaariger Mann nach vorn und wartet unterhalb des Podiums. Als Pastor Kolbe geendet hat und zu seinem Platz zurückkehren will, hält ihn der andere zurück und spricht nun auch zu der Versammlung: „Liebe Geschwister, auch ich habe damals als junger Mann an der Schlacht um das Traktorenwerk teilgenommen. Ich lag auf der anderen Seite der Front. Wir waren Feinde. Jetzt sind wir durch Christus Kinder eines Vaters und Brüder."

Dann liegen sich beide Männer in den Armen, und Tränen rollen über ihre Wangen.

Ingrid Boller

Handschmeichler in stacheliger Verpackung

Da liegen sie vor mir: rund, glatt, ein tiefes, warmes Braun. Als hätte sie jemand poliert – so glänzt die Haut. Auf einer Seite wird sie von einem helleren und stumpferen Oval unterbrochen. Ich hebe eine der Früchte auf und sofort weiß ich wieder, warum man sie auch Handschmeichler nennt; immer wieder drehe ich sie in meiner Hand hin und her, fühle die glatte Schale, die sich trotz der Härte irgendwie weich anfühlt, weil sie noch frisch und ihr Inneres noch voller Feuchtigkeit ist. Hier werde ich wieder zum Kind, denn bei Kastanien erwacht die Sammelleidenschaft in mir. Ich kann kaum genug bekommen. Es ist schon gut, dass ich auf meinen täglichen Hundespaziergängen nicht immer an diesem Kastanienbaum vorbeikomme, sonst könnte ich im Winter die Wildschweine damit füttern.

Wie alt dieser Baum hier wohl sein mag? Kastanien können bis zu dreihundert Jahre alt und bis zu dreißig Meter hoch werden. Ich schaue an dem Stamm entlang nach oben. Gerade und kräftig ist er. Die Äste bilden eine rundliche Krone. Dieser hier hat im Frühjahr weiß geblüht. Aber auch die rot blühenden Kastanien sind einfach prachtvoll. Neben diesen Rosskastanien kennt man bei uns auch die Esskastanien. Sie sind jedoch nicht miteinander verwandt.

Erinnern Sie sich an den Geschmack der heißen Maronen auf dem Jahrmarkt? Auch heute noch kann man sie in der Herbst- und Winterzeit auf Märkten und an mobilen Röstwagen in den Einkaufsstraßen der Innenstädte kaufen.

Zwischen den braunen Früchten liegen die stacheligen, grünen Schalen. Jetzt, im Herbst, haben sie braune Flecken. Wenn ich meinen Finger in die Innenseite lege, kann ich gut die gepolsterten Fruchtkammern tasten. Ein sicherer und gemütlicher Ort für eine Kastanie.

Und da liegt noch eine geschlossene Fruchtkapsel. Sie hat den Sturz aus etlichen Metern Höhe überstanden, ohne aufzuplatzen. Vorsichtig greife ich nach ihr und schaue sie mir genauer an. Besonders ansehnlich ist sie, ehrlich gesagt, nicht. Die Haut sieht narbig aus, teilweise ist bei den braunen Stellen die äußere Hautschicht weggebrochen und darunter kommt eine poröse Substanz zum Vorschein.

Ist das nicht manchmal auch bei uns Menschen so? Wie oft begegnen wir Menschen, die nach außen „Stacheln" tragen und uns deshalb unsympathisch sind. Ich schrecke dann leicht zurück und gehe lieber auf Distanz. Damit nehme ich mir und dem anderen oft genug die Chance, ihn besser kennenzulernen. Denn eins ist klar: Die meisten Menschen tragen ihre Stacheln als Schutz vor sich her – wie die Kastanie auch. Dahinter verbirgt sich aber ein verletzlicher, weicher Kern, der sich vor einem harten Aufprall schützen will.

Wie ist das bei mir? Fahre ich nicht auch manchmal meine Stacheln aus, weil ich Angst habe, übervorteilt zu werden, weil ich das Gefühl habe, übergangen und nicht genügend beachtet zu werden? Was hilft mir, mich zu öffnen und mein eigentliches Inneres zu zeigen?

Ich kann mich dort öffnen, wo ich grundsätzliche Wertschätzung erlebe. Wo ich weiß, dass ich mir Fehler erlauben darf. Wo ich auch ein Verlierer sein darf, der gerade nicht alles auf die Reihe bekommt.

Hinter der wehrhaften und eher unahnsehnlichen Schale der Kastanie verbirgt sich eine Frucht, die nicht nur als Nahrung dienen kann, sondern auch meiner Hand schmeichelt. Ein Teil der genialen Schöpfung Gottes!

Schade, wenn ich dem anderen keine Chance gebe, seine innere Frucht zu zeigen. Vielleicht bringe ich mich um die Freundschaft mit einem Menschen, der – genau wie ich – einfach Angst vor Verletzungen hat. Der aber viel zu geben hat und dies auch gern tun würde. Denn schließlich lebt niemand nur für sich. Leben soll Frucht bringen, und manchmal müssen erst ganz besonders harte Schalen aufspringen, damit die Früchte wirken können.

Vorsichtig stecke ich die Fruchtkapsel zu den anderen Kastanien in meine Tasche. Zu Hause werde ich die grüne, stachelige Kugel zusammen mit ihren Samen auf die Fensterbank vor meinem Schreibtisch legen. Sie sollen mich daran erinnern, dass sich hinter Stacheln oft eine wunderschöne Frucht versteckt.

Elisabeth Währisch

Die ideale Familie

Unsere Großmutter war eine kluge Frau. Eine ihrer Standardreden hieß: „Alles, was mit leerem Magen gesagt wird, zählt nicht." Sie wusste, nur ein gesättigter Mensch ist zufrieden und friedlich, und darum ermahnte sie immer alle, wenn es beim Anfang des Essens harte Diskussionen gab: „Nun lasst es euch erst mal schmecken, dann sehen wir weiter."

Mir leuchtete das ein, ich wollte es für meine Familie übernehmen ...

Wir saßen beim Essen, und die Situation war entsprechend:

Die Kinder waren erschöpft von einem langen Schulmorgen zurückgekehrt, der Vater hatte nicht alle Besuche geschafft, die er hatte schaffen wollen, ich hatte im letzten Moment den Opa noch ins Altersheim fahren müssen und war abgehetzt – kurz, es herrschte eine gereizte Stimmung, und man fiel sich ein wenig auf die Nerven.

Die beiden Großen zankten sich um irgendeine Schulgeschichte, der Sohn gab seine ironischen Kommentare dazu und ließ seine Haare fast in den Teller hängen. Wir hatten ja nichts gegen die damals so beliebten und oft umstrittenen langen Haare, aber mussten sie so ins Gesicht hängen, dass man kaum noch die Augen sah? Der Sohn seinerseits kämpfte um seine Freiheit, seine Haare so zu tragen, wie er es für richtig hielt ... Schon gab es Parteien auch aufseiten der Schwestern. Und plötzlich war der schönste Streit im Gange.

„Ich meine", sagte ich in Erinnerung an meine kluge Großmutter, „wir sollten jetzt erst einmal richtig essen." Doch mein Vorschlag zur Güte verpuffte diesmal völlig. „Was hat denn das damit zu tun?", fragte der Sohn durch seine Haargardine hindurch.

Ich dachte im Stillen an das Bibelwort von dem „einträchtig beieinander wohnen". Sollten wir eigentlich nicht so miteinander umgehen?

Plötzlich bimmelte draußen der Milchwagen. Ein wenig seufzend erhob ich mich und ergriff den Einkaufskorb. Im Wagen stieß ich mit einem älteren Herrn zusammen. Er wohnte in der Nachbarschaft, in einem der mehrstöckigen Häuser gegenüber. Wir kannten uns vom Sehen und grüßten uns, wenn wir uns trafen, hatten aber weiter keine Beziehung zueinander.

Doch gerade heute sprach er mich zum ersten Mal an: „Das wollte ich Ihnen immer schon einmal sagen, wie nett wir Ihre Familie finden. Wir beobachten oft, wie viel Sie als Familie zusammen unternehmen, wie viel Menschen zu Ihnen ins Haus kommen, wie munter es bei Ihnen immer zugeht, und wie nett die Geschwister miteinander umgehen. Sie sind für uns so richtig die ideale Familie."

„Die ideale Familie? Ach, du liebe Zeit", sagte ich und dachte an die streitenden Parteien jenseits der Haustür. Ich ergriff den Korb mit den Milchtüten, bedankte mich bei dem netten Herrn für die ermunternde Aussage, stürzte in die Küche, wo die Familie noch immer vor sich hinmuffelte, und lachte. Alle guckten erstaunt. „Was ist los?", fragte mein Mann.

„Ihr müsst sofort mit dem Streiten aufhören", rief ich, „wir sind doch die ideale Familie."

„Wieso denn das?", fragte Mirjam.

„Der Nachbar hat's gesagt, und der muss es ja wissen." Und nun erzählte ich ihnen von meiner Begegnung. „Mensch", sagte Christina, „gibt's das überhaupt, die ideale Familie?"

„Aber sicher", sagte ich, „uns zum Beispiel. Wenigstens von außen gesehen. Da sieht man's mal wieder: Der Mensch sieht, was vor Augen ist …"

Einen Vorteil jedoch hatte die Geschichte: Drohte wieder einmal eine Auseinandersetzung, hieß es noch über längere Zeit hinweg: „Aufhören, wir sind doch die ideale Familie."

Ob allerdings die ideale Familie diejenige ist, die keinerlei Auseinandersetzungen kennt, bezweifle ich.

Doch das steht auf einem anderen Blatt!

Axel Kühner

Wo Gott wohnt

Zwei Brüder wohnten einst auf dem Berg Morija. Der Jüngere war verheiratet und hatte Kinder. Der Ältere war unverheiratet und allein. Die beiden Brüder arbeiteten zusammen. Sie pflügten ihre Felder zusammen und streuten gemeinsam das Saatgut auf das Land. Zur Zeit der Ernte brachten sie das Getreide ein und teilten die Garben in zwei gleich große Stöße, für jeden einen Stoß Garben.

Als es Nacht geworden war, legte sich jeder der beiden Brüder bei seinen Garben zum Schlafen nieder. Der Ältere aber konnte keine Ruhe finden und dachte bei sich: „Mein Bruder hat Familie, ich dagegen bin allein und ohne Kinder, und doch habe ich gleich viele Garben genommen wie er. Das ist nicht recht!"

Er stand auf und nahm von seinen Garben und schichtete sie heimlich und leise zu den Garben seines Bruders. Dann legte er sich wieder hin und schlief ein.

In der gleichen Nacht, geraume Zeit später, erwachte der Jüngere. Auch er musste an seinen Bruder denken und sprach in seinem Herzen: „Mein Bruder ist allein und hat keine

Kinder. Wer wird in seinen alten Tagen für ihn sorgen?"

Und er stand auf, nahm von seinen Garben und trug sie heimlich und leise hinüber zu dem Stoß des Älteren.

Als es Tag wurde, erhoben sich die beiden Brüder. Und jeder war erstaunt, dass die Garbenstöße die gleichen waren wie am Abend zuvor. Aber keiner sagte darüber zum anderen ein Wort. In der zweiten Nacht wartete jeder ein Weilchen, bis er den anderen schlafen wähnte. Dann erhoben sich beide und jeder nahm von seinen Garben, um sie zum Stoß des anderen zu tragen. Auf halbem Weg trafen sie aufeinander, und jeder erkannte, wie gut es der andere mit ihm meinte. Da ließen sie ihre Garben fallen und umarmten einander in herzlicher und brüderlicher Liebe.

Gott im Himmel aber schaute auf sie herab und sprach: „Heilig ist mir dieser Ort. Hier will ich unter den Menschen wohnen!"

(Nach Nicolai Erdelyi)

Ein guter Freund

Dorothee Dziewas

Ein guter Freund

September 2010. Wir waren auf dem nord-
englischen „Coast to Coast"-Weg unterwegs,
der auf etwa 300 Kilometern von der Küste
von Cumbria im Westen bis hinüber nach
Yorkshire zum Osten der Insel führt. Eine
gute Woche hatten wir schon hinter uns, als
wir Steve kennenlernten.

Es hatte den ganzen Tag wie aus Kübeln
geschüttet, und wir hatten gerade frierend und
gegen Sturmböen ankämpfend unser Zelt auf-
gebaut. Doch jetzt saßen wir in der Scheune,
die den Reisenden auf diesem Fernwanderweg
Schutz bietet, und waren froh, ein festes Dach
über dem Kopf zu haben. Der Regen tropfte
von unserer Kleidung, die wir an einer Wä-
scheleine aufgehängt hatten, während Wan-
derschuhe und Gamaschen sich in der Ecke
stapelten. Wir hatten unsere Zweifel, dass sie
bis zum Morgen trocknen würden, aber wenn
man zu Fuß unterwegs ist, hat jeder Tag seine
eigene Sorge und so genossen wir die wohlige
Wärme, die das wundervolle Curry unserer
Gastgeberin durch unsere müden Glieder
strömen ließ. Vor uns hatten schon einige an-

dere Wanderer vor dem Regen hier Zuflucht gesucht, und im Laufe des Abends gesellten sich weitere Neuankömmlinge zu uns. Einer von ihnen war Steve.

Als wir mit ihm ins Gespräch kamen, erfuhren wir, dass er schon häufiger längere Wanderungen unternommen hatte und bestens für alle Situationen gerüstet war. Statt sich hin und wieder eine Nacht in einer Pension zu gönnen, hatte er das eingesparte Geld lieber in eine professionelle Ausrüstung gesteckt und war jetzt mit ultraleichtem Zelt und wenigen, aber hochwertigen Sachen unterwegs. Auf diese Weise hatte er die britische Insel einige Jahre zuvor sogar von Nord nach Süd durchquert – das sind stolze 1900 Kilometer!

Steve war ein freundlicher, ausgeglichener Mensch, dem das schlechte Wetter eindeutig nicht die Laune verderben konnte. Während unserer Unterhaltung stellte sich irgendwann heraus, dass er, entgegen dem Anschein, nicht alleine unterwegs war. Steve begleitete Jim, einen Freund, der sich trotz seiner beinahe siebzig Jahre und angeschlagener Gesundheit einen Lebenstraum erfüllen wollte: Einmal auf den Spuren des großen englischen Naturfreunds Alfred Wainwright den berühmten „Coast to Coast"-Weg zu Fuß zurückzulegen.

Wir begegneten den beiden Freunden in den folgenden Tagen noch einige Male. Für Jim war jede Etappe eine echte Herausforderung, und es war beeindruckend zu sehen, wie Steve dem älteren Mann immer wieder Mut machte. Oft ging jeder in seinem eigenen Tempo, aber an schwierigen Stellen oder unsicherer Wegführung wartete Steve auf seinen Freund. Abends quartierte Jim sich in Hotels oder Herbergen ein, um sich von den Strapazen des Tages zu erholen, während Steve sein Zelt aufschlug und einen Campingkocher hervorholte. Ein ungewöhnliches Team!

Als wir am Ende unserer achtzehntägigen Wanderung am Zielort ankamen und das Logbuch aufschlugen, in das sich traditionell jeder erfolgreiche „Coast to Coast"-Wanderer einträgt, sahen wir die Namen von Jim und Steve untereinander stehen. Jim hatte sich seinen lang gehegten Wunsch erfüllt, und ich weiß nicht, ob er es ohne seinen treuen Freund geschafft hätte. Gute Freunde sind von unschätzbarem Wert, wenn man sich auf einen langen, beschwerlichen Weg begibt – auch wenn man noch keine siebzig ist.

Phil Bosmans

Freundschaft

Er hatte Krebs. Bis zuletzt besaß er ein unglaubliches Vertrauen auf das Leben und die Freundschaft. Für ihn bedeutet Freundschaft alles. Er sagte:

„Für einen jungen Menschen besteht das Glück in Träumen, die einmal in Erfüllung gehen sollen. Ein Erwachsener entdeckt, dass es in der Tat Glück gibt, aber nicht, weil Träume in Erfüllung gingen, sondern weil es Freundschaft gibt. Ohne Freunde ist ein Mensch erst arm. Reich wird ein Menschenleben am Ende durch die Ernte an Freundschaft und kleinen Aufmerksamkeiten. Diese Dinge machen das Übrige erträglicher. Freundschaft kann eine Quelle von viel Kummer sein. Das ist wohl wahr. Aber weil eine Rose stach, muss man doch nicht alle Blumen ausgraben und beseitigen und in einem Land ohne Blumen wohnen?"

Wer Freundschaft ablehnt, wohnt in einem Land ohne Blumen.
Kein Mensch ist so reich wie der, der Freunde hat.

Du bist erst einsam und allein, wenn du keine Freunde hast, wenn du niemandes Freund oder Freundin sein willst oder kannst.

Freundschaft heißt anderen in seinem Herzen Raum geben, offen sein, auch Risiken eingehen, sich selbst loslassen. Bewahre tief in deinem Herzen ein paar Menschen, die bei dir zu Hause sind und die dort wohnen bleiben, selbst wenn sie tot sind.

Hanna Ahrens

Koala und Wombat

Achtzehn Jahre lang hatten wir uns nicht gesehen, aber als Catherine und John, unsere australischen Freunde, in Altona aus dem Zug stiegen, erkannten wir sie sofort und liefen ihnen entgegen. Sie ließen Rucksack und Taschen fallen. Wir umarmten uns. Es war, als wären wir immer zusammen gewesen: so herzlich, nah und vertraut.

Die letzten zwei Tage ihrer Weltreise wollten sie bei uns in Hamburg verbringen. In den Wochen davor hatten sie Rom und die Dolomiten erforscht, andere Freunde im Süden besucht, nun waren sie hier! Wir setzten uns zum Lunch, kamen aber vor lauter Fragen und Erzählen kaum zum Essen. Ob wir mit einem Becher Kaffee in den Garten gingen oder auf einem Schiff über die Elbe fuhren – wir redeten miteinander. Die Zeit rannte nur so.

Beim Elbspaziergang sprachen wir über Kinder und Enkel, über uns und unsere Arbeit, über Kirche und Gemeinde. Natürlich auch über Krankheiten und das Älterwerden.

John – der dankbarste Mensch, den ich kenne und ein Meister darin, Komplimente zu machen – fand es „wunderbar", an der Elbe spazieren zu gehen, obwohl es durch den Wind etwas ungemütlich war. Es sei herrlich, unbeschreiblich schön, hier zu sein! Ich habe das Wort „beautiful" in den letzten zehn Jahren nicht so oft gehört wie an diesen zwei Tagen. Es ließ sich noch steigern durch: „most beautiful", „absolutely beautiful" und „fantastic".

Am letzten Morgen, kurz vor der Abfahrt zum Flughafen, fragte John: „Habt ihr ein Blatt Papier und einen Stift?" „Klar!" (Ein Milchladen hat ja auch Milch!)

Er bedankte sich für alles. Und dann schrieb er uns ein Wort auf, das ihm selbst viel bedeutete – gerade in schwierigen, mühsamen Zeiten. Er schrieb:

„Andere Götter sind stark,
aber du, unser Gott, bist schwach.
Sie ritten auf Pferden,
du bist auf deinem Weg zum Ziel gestolpert.
Zu unseren Wunden kann nur ein
verwundeter Gott sprechen.
Du allein!"

Nun sind die beiden wieder zurück in Melbourne. Kaum, dass sie die Koffer im Haus hatten, rief Catherine an, um zu sagen: „Wir sind sicher gelandet. Nochmals Danke für alles ..."

Ich freue mich noch an all den schönen Dingen, die sie uns mitgebracht haben. Von ihrer Italientour Olivenöl und Parmesankäse, Schinken und Melonenlikör. Australische Socken aus Merinowolle und Baumbärfell, wunderbar warm! Kleine Koalas und Wombats für die Enkelkinder, kuschelige Schmusetiere ...

In vier Wochen werden wir sie anrufen und sagen: „Das Olivenöl ist alle! Wann kommt ihr und bringt neues?" Dann werden sie antworten: „No problem! Wir haben Isabel ja zu uns eingeladen, sie bringt euch neues mit!"

Welch ein Glück, Freunde zu haben. Und Olivenöl!

Andrea Schwarz

Unsere Freundschaft

Unsere Freundschaft
hat Wurzeln geschlagen
eine kaum wahrnehmbare
Beziehung
fängt an zu wachsen

wir müssen nur aufpassen
dass die grelle Sonne der Hektik
den Boden nicht austrocknet
der ständige Wind des Alltags
die Erdkrumen nicht wegweht

gießen
ab und an
wäre sicher nicht schlecht

Kerstin Wendel

Freundschaft ist,
wenn's trotzdem hält

Einmal im Jahr holen wir sie aus der Schachtel: Die pastellfarben angemalten Holzfiguren. Es sind Ostereier, Blumen, Hasen. Während die Kinder vom letzten Osterfest
erzählen und ihre Erinnerungen auffrischen,
gehen meine zu Mirjam, meiner Hamburger
Freundin.

Die ganze Geschichte liegt knapp zwanzig
Jahre zurück. Wir waren junge Ehefrauen, deren Männer beide Theologie studierten. Während mein Mann und ich für eine kurze Zeit
unterwegs sein würden, sollte Mirjam zwi-
schendurch mal nach unserer Wohnung sehen,
die Blumen versorgen und nach der Post
schauen. Noch bevor ich losfuhr, hatte ich mir
ein kleines Dankeschön überlegt. Dafür haben
ja umsichtige Frauen eine Wühlkiste irgendwo
im Haus, aus der sie passende Kleinigkeiten
hervorzaubern können. So eine Wühlkiste hat
unbestreitbar große Vorteile. Sie kann aber
auch verhängnisvoll sein. Ich wählte also aus,
passend zur Frühjahrszeit eine Schachtel mit
pastellfarbenen Holzfiguren: Ostereier, Blu-

men und Hasen. Dazu ein nettes Kärtchen. Fertig ist das Dankeschön.

Tage später. Wir sind wieder zurück und begegnen Mirjam und Ben in unserer Gemeinde. Nach dem üblichen Alltagsgeplauder nimmt sie mich zur Seite. „Kann ich mal mit dir reden?" Klar kann sie. Nichts ahnend höre ich dann, dass sie total entgeistert war über das unpassende Geschenk mit den Holzfiguren. Ich schnappe nach Luft. Merke, wie mir die Röte ins Gesicht steigt. Erst fühle ich mich beschämt, dann bin ich doch fast eingeschnappt. So etwas hat mir wirklich noch niemand gesagt. Schluck! Vor mir steht Mirjam, die sich richtig Luft gemacht hat. „Ben meinte, ich solle dir das ehrlich sagen!", höre ich sie noch abschließend bemerken. Klar, ihr Ben hat Theologie und Psychologie studiert. Da werden die Gefühle nicht unter den Teppich gekehrt. Die kommen schön anständig ans Tageslicht. Als sie mit ihrem Unbehagen nicht zur Ruhe kam, hatte Ben ihr geantwortet: „Wenn dich das nicht in Ruhe lässt, dann musst du das mit Kerstin besprechen." Das hat sie ja nun getan. Benommen gehe ich nach Hause. In meiner ersten Wut will ich in die Stadt fahren, gleich morgen, und etwas Neues besorgen. Basta! Aber damit ist die Sache natürlich nicht ausgestanden. Nach und nach merkte ich, dass es hier um ganz unterschiedliche Dinge ging ...

Es ging darum, dass ich nicht genau hingeschaut und hingehört hatte. Mirjam mag nämlich keine Pastellfarben. Das weiß ich eigentlich. Sie liebt kräftige Grüntöne und Orange und tiefes Braun und so etwas. All die Farben, mit denen ich wenig anfangen kann. Und sie liebt auch keinen kleinen Minischmuck. Sie mag klare und größere Deko, geflochtene Kränze zum Beispiel. Außerdem hatte ich sie vorher einmal gefragt, über welche Mitbringsel sie sich freuen würde. Sie hatte mir Blumen genannt.

Aber all das war mir doch tatsächlich komplett im Gedächtnis weggerutscht.

Außerdem ging es auch um etwas anderes: Sehr fantasievoll, freigiebig und aufmerksam im Schenken war ich, aus welchen Gründen auch immer, damals nicht. Das wurde mir durch die Auseinandersetzung mit Mirjam bewusst. Hier hatte ich noch Nachholbedarf, merkte ich, hier könnte ich mich weiterentwickeln. Sie hatte fürs Wohnunghüten mehrere Fahrten quer durch Hamburg auf sich genommen, sehr nett von ihr – dafür wollte ich ihr doch eigentlich gerne genauso freundlich danken!

Im Nachhinein betrachtet war aber etwas ganz anderes das Wichtigste an dieser erst einmal unangenehmen Situation: Mirjam traute uns beiden zu, dass unsere Freundschaft ein richtig offenes Wort aushalten und dadurch wachsen würde. Sie traute mir eine Menge Fragen zu, die nun aufbrachen: Bin ich bereit, ihre Enttäuschungen zu verstehen und meiner Freundin liebevoll nachzugehen? Bin ich bereit, sie tiefer kennenzulernen, anstatt meinem Bild von Freundin zu folgen? Bin ich bereit zu erkennen, dass ich sie verletzt habe, ohne mich zu rechtfertigen für alles gut Gemeinte? Bin ich bereit für sie?

Diese Fragen traute sie mir zu.

Irgendwann merkte ich, dass die abgelehnte Schachtel mit den Holzfiguren ein Kompliment war. Sie sagte: Das hältst du aus. Das halten wir aus! Mirjam traute mir zu, dass wir darüber hinauswachsen hin zu einer großen Ehrlichkeit zueinander. Enttäuschungen, Missverständnisse, Frust, Versagen mit eingeschlossen – und zwar in aller Freundschaft!

Mittlerweile sind viele Jahre vergangen. Wir haben dreimal miteinander/nebeneinander Urlaub gemacht mit insgesamt sechs Kindern um uns herum. Da gab es noch manches, was vor- und hinterher besprochen werden musste. Wir haben Schönes im Urlaub geteilt und uns daran erfreut: der Gang in die Aalkate mit anschließendem Bummel im Hafen, das abendliche Glas Wein zu viert ohne Kinder. Wir haben unsere Unterschiede bemerkt und ausgehalten. Wir haben entdeckt, welchen Schatz wir aneinander haben, weil wir uns als Freunde über viele Jahre treu geblieben sind. Wir können über so manches reden, womit wir noch nicht fertig und am Ringen sind, wo jemand von uns Wachstum nötig hat. Wir schaffen es, einander innerlich zu begleiten in den Situationen, die schwierig sind und Mühe machen. Wir haben gespürt, wie gut es tut, zueinander zu stehen. Wenn wir uns nach Monaten wiedersehen, weil uns viele Kilometer trennen, dann können wir da anfangen zu reden, wo wir aufgehört haben. Und: Wir geben uns immer wieder frei für die Beziehungen, die wir jeweils vor Ort haben. Freundschaft ist all das Schöne, Leichtgängige zusammen.

Und: Freundschaft ist, wenn's trotzdem hält – trotz Missverständnissen, offenen Worten, Versagen, Frustrationen und Enttäuschungen.

Ein Geschenk ist das alles. Wie gut, dass das alles nicht an pastellfarbenen Holzfiguren gescheitert ist.

Oscar Wilde

Der opferwillige Freund

Eines Morgens steckte der alte Wasserratz
den Kopf aus seinem Loche. Er hatte blanke
Kulleraugen, einen borstigen grauen Kotelet-
tenbart und einen Schwanz wie ein langes
Stück schwarzer Radiergummi. Die kleinen
Enten schwammen auf dem Teich spazieren
und sahen genau wie ein Schwarm gelber Ka-
narienvögel aus, und ihre Mutter, die ganz
reinweiß war mit echtroten Beinen, versuchte
ihnen beizubringen, wie man im Wasser kopf-
steht.

„Ihr werdet niemals zur feinsten Gesellschaft zugelassen werden, wenn ihr nicht
kopfstehen könnt", sagte sie unausgesetzt zu
den Kleinen; und alle Augenblicke führte sie
ihnen von Neuem vor, wie man's macht. Aber
die kleinen Enten passten überhaupt nicht auf.
Sie waren noch so jung und unerfahren, dass
sie nicht wussten, von welch großem Nutzen
es ist, zur feinen Gesellschaft zugelassen zu
sein.

„Was für ungehorsame Kinder!", schrie der
alte Wasserratz, „sie verdienten weiß Gott,
dass man sie ertränkte."

„Beileibe nicht!", erwiderte die Ente, „'s ist noch kein Meister vom Himmel gefallen, und Eltern können nie geduldig genug sein."

„Ach so! Ich verstehe nichts von elterlichen Gefühlen", sagte der Wasserratz, „ich bin kein Familienmensch. Ob Sie's glauben oder nicht – Tatsache ist, dass ich niemals verheiratet war, und ich habe auch nicht im Sinn, es nachzuholen. Liebe ist auf ihre Art ja sehr hübsch, aber Freundschaft ist weitaus erhabener. Ich wüsste wahrhaftig nichts auf der Welt, das edler oder auch seltener wäre als aufopfernde Freundschaft."

„Und was, wenn ich bitten darf, sind Ihrer Meinung nach die Pflichten eines opferwilligen Freundes?", fragte ein Grünhänfling, der nahebei in einem Weidenbaume saß und der Unterhaltung zugehört hatte. „Ja, das würde mich auch furchtbar interessieren", sagte die Ente und schwamm davon bis ans Ende des Teiches und stellte sich auf den Kopf, um ihren Kindern ein gutes Beispiel zu geben.

„So 'ne dumme Frage!", rief der Wasserratz. „Ich würde selbstverständlich erwarten, dass mein opferwilliger Freund sich für mich opfert."

„Und was würden Sie als Gegenleistung für ihn tun?", fragte der kleine Vogel und schaukelte sich, mit den zierlichen Flügeln schlagend, auf einem silbrig grauen Zweige.

„Ich verstehe Sie nicht", entgegnete der Wasserratz. „So will ich Ihnen eine Geschichte zu dem Thema erzählen", sagte der Hänfling.

„Handelt sie von mir?", fragte der Wasserratz. „In diesem Falle will ich sie mir anhören, denn ich bin ganz verrückt auf Romane aus dem Leben."

„Die Geschichte lässt sich auf Sie anwenden", sagte der Hänfling; und er flog herab, setzte sich auf die Uferböschung und erzählte die

Geschichte vom opferwillen Freund

„Es war einmal", begann der Hänfling, „es war einmal ein redlicher Bursche, der hieß Hans."

„War er was Großes, was Ausgezeichnetes?", fragte der Wasserratz.

„Nein", antwortete der Hänfling, „ich glaube kaum, dass irgendetwas groß an dem kleinen Hans war außer seiner Herzensgüte, auch zeichnete ihn wohl nichts weiter aus als sein lustiges, gutmütiges Vollmondgesicht. Er wohnte ganz für sich in einem kleinen Hüttchen und arbeitete jeden Tag in seinem Garten. In der ganzen Gegend war kein Garten so schön wie seiner. Federnelken wuchsen darin und Goldlack und Hirtentäschel und Eisenhut. Da waren gelbe Rosen und rote Damaszenerrosen, lila Krokus und goldener, und purpurne und weiße Veilchen. Akelei und Wiesenschaum, Majoran und Basilienkraut, Himmelschlüsselchen und Lilien, Narzissen und Nelken sprossen und blühten da jedes zu seiner Zeit, wie die Monate es brachten, und eine Blume trat an der vorigen statt, sodass es stets viel Schönes anzuschauen und liebliche Düfte zu atmen gab.

Der kleine Hans hatte sehr viele Freunde, aber der aufopferndste von allen war der Müller, der große dicke Hugho. Ja, eine so selbstlose Zuneigung hegte der reiche Müller für den kleinen Hans, dass er nie an dessen Garten vorübergehen konnte, ohne sich über das Mäuerchen zu lehnen und einen gewaltigen Blumenstrauß oder eine Handvoll würziger Kräuter zu pflücken oder sich die Taschen mit Pflaumen und Kirschen vollzustopfen, wenn gerade die Reifezeit war.

Wahre Freunde sollten alles gemeinsam besitzen, sagte er dann stets, und der kleine Hans nickte dazu und lächelte und war sehr stolz, einen Freund mit solch hohen Gedanken zu haben.

Bisweilen fanden es die Nachbarn zwar sonderbar, dass der reiche Müller dem kleinen Hans niemals etwas als Gegengabe brachte, obwohl er hundert Säcke feinstes Mehl besaß, die in seiner Mühle aufgespeichert standen, und sechs Milchkühe und eine große Herde wollige Schafe; aber Hans zerbrach sich den Kopf über solche Dinge nicht, und er kannte kein größeres Vergnügen, als all den wunderbaren Worten zu lauschen, die der Müller unermüdlich über die Uneigennützigkeit echter Freundschaft zu sagen wusste. Der kleine Hans arbeitete also tagaus, tagein in seinem Garten. Im Frühling, im Sommer und Herbst war er froh und glücklich, doch wenn dann der Winter kam und er nicht Obst noch Blumen auf den Markt zu bringen hatte, litt er recht arg durch Hunger und Kälte, und oftmals musste er sich schlafen legen, ohne etwas anderes gegessen zu haben als ein paar gedörrte Birnen oder einige trockene Nüsse. Auch war er im Winter ganz mutterseelenallein, denn der Müller kam dann nie zu ihm.

‚Es hätte keinen Zweck, wenn ich zu dem kleinen Hans ginge, solange noch Schnee liegt‘, pflegte er zu seiner Frau zu sagen. ‚Wenn einer Kummer hat, soll man ihn in Ruhe lassen und ihn nicht mit Besuchen quälen. Ich jedenfalls hege diese Vorstellung von Freundschaft, und ich bin fest überzeugt, ich habe damit recht. Deshalb werde ich bis zum Frühling warten und ihn dann aufsuchen, denn erst im Frühling kann er mir einen großen Korb voll Schlüsselblumen geben, und darüber wird er sich so herzlich freuen.'

,Du bist wahrhaftig sehr rücksichtsvoll gegen andere', erwiderte seine Frau, die behaglich in ihrem Lehnstuhl neben dem großen Kiefernholzfeuer saß, ,sehr, sehr rücksichtsvoll. Es ist ein wahrer Genuss, dich über die Freundschaft sprechen zu hören. Ich sage dir, der Pfarrer selbst kann nicht so erbaulich reden wie du, und dabei wohnt er in einem dreistöckigen Hause und trägt einen goldenen Ring am kleinen Finger.' ,Aber könnten wir den kleinen Hans nicht zu uns einladen?', sagte des Müllers Jüngster. ,Wenn der arme Hans traurig ist, will ich ihm die Hälfte von meinem Haferbrei abgeben und ihm meine weißen Kaninchen zeigen.'

,Dummer Junge!', schrie der Müller, ,ich möchte wirklich wissen, was für einen Zweck es hat, dich in die Schule zu schicken. Mir scheint, du wirst immer dümmer statt klüger. Verstehst du nicht – wenn der kleine Hans zu uns heraufkäme und unsern warmen Kamin sähe und unser gutes Essen und unser großes Fass voll rotem Wein, da könnte er neidisch werden, und Neid ist etwas ganz Schlimmes und verdirbt jeden Charakter. Ich aber werde es keinesfalls zulassen, dass Hansens Charakter verdorben wird. Ich bin sein bester Freund, und ich werde stets über ihn wachen und Sorge tragen, dass keiner ihn in Versuchung führt. Und noch eins: Wenn Hans hierherkäme, würde er mich vielleicht bitten, ihm etwas Mehl auf Kredit abzulassen, und das könnte ich nicht tun. Mehl ist eines, und Freundschaft ist ein anderes, und sie dürfen nicht miteinander vermengt werden. Die beiden Wörter klingen ganz verschieden, und folglich bedeuten sie auch etwas ganz Verschiedenes. Ich dächte, das sieht jedes Kind.'

,Wie gut du sprichst!', sagte die Müllersfrau und schenkte sich ein großes Glas Warmbier ein, ,ich bin ganz schläfrig dabei geworden. Es ist genau, als ob man in der Kirche sitzt.'

,Viele, viele Leute handeln gute', erwiderte der Müller, ,aber sehr wenige sprechen gut, woraus erhellt, dass Sprechen das weitaus Schwierigere von beiden ist, und das viel Vornehmere dazu.' Und er schoss quer über den Tisch einen strengen Blick nach seinem kleinen Jungen, der vor lauter Scham über seine

Dummheit den Kopf hängen ließ und ganz puterrot anlief und in seinen Tee zu weinen begann. Na ja, er war noch so klein, dass ihr's ihm nicht übelnehmen dürft."

„Ist das der Schluss von der Geschichte?", fragte der Wasserratz.

„Aber nein", antwortete der Hänfling, „das ist der Anfang."

„Dann sind Sie ganz und gar nicht auf der Höhe Ihrer Zeit", sagte der Wasserratz. „Jeder gute Schriftsteller fängt heutzutage seine Geschichte beim Ende an und geht dann auf den Anfang über und schließt mit der Mitte. Das ist die neue literarische Mode. Ich habe es kürzlich ganz genau von einem Kritiker gehört, der mit einem jungen Mann um den Teich herumwandelte. Er sprach sehr ausführlich über diese Materie, und bestimmt hatte er mit allem recht, was er sagte, denn er trug eine blaue Brille zu seinem Kahlkopf, und jedes Mal, wenn der junge Mann eine Bemerkung einwarf, machte er nur immer ‚Pah!'. Aber bitte, fahren Sie in Ihrer Geschichte fort. Der Müller gefällt mir ganz ungemein. Ich habe selber schöne Gefühle aller Art, und das schafft eine tiefe Seelenverwandtschaft zwischen uns."

„Gut", sagte der Hänfling und hüpfte bald auf dem rechten, bald auf dem linken Bein.

„Als der Winter vorüber war und die Schlüsselblumen ihre blassgelben Sterne eben aufge-
tan hatten, sagte der Müller zu seiner Frau, er
wolle nun hinübergehen und den kleinen
Hans besuchen.

,Nein, was für ein gutes Herz du hast!', rief
die Frau, ,du denkst doch in einem fort an die
anderen. Und vergiss nicht, den großen Korb
für die Blumen mitzunehmen.'

Also band der Müller die Flügel der Wind-
mühle mit einer starken Eisenkette fest und
ging den Hügel hinab, den Korb am Arm.

,Guten Morgen, kleiner Hans', sagte der
Müller. ,Guten Morgen', sagte Hans und lehn-
te sich auf seinen Spaten und lachte von einem
Ohr zum andern. ,Und wie ist dir's den ganzen
Winter durch ergangen?', fragte der Müller.

,Oh, danke', rief Hans, ,du bist sehr gütig,
dich danach zu erkundigen, wirklich sehr gütig. Offen gesagt, ich habe eine ziemlich böse
Zeit hinter mir, aber nun ist der Frühling da,
und ich bin wieder ganz vergnügt, und alle
meine Blumen gedeihen.'

,Wir haben während des Winters oft von
dir gesprochen, Hans', sagte der Müller, ,und
uns gefragt, wie dir's gehen mag.'

,Das war sehr lieb von euch', sagte Hans, ,ich
hatte schon ein bisschen Angst, ihr hättet mich

vergessen.' ‚Hans, ich muss mich über dich wundern‘, sagte der Müller. ‚Freundschaft vergisst niemals. Das ist ja das Wundervolle an ihr; aber ich fürchte, du begreifst die Poesie des Lebens nicht. Nebenbei bemerkt – wie hübsch deine Schlüsselblumen sind!‘

‚Ja, sie sind wirklich sehr hübsch‘, sagte Hans, ‚und es ist ein großes Glück für mich, dass ich ihrer so viele habe. Ich will sie auf den Markt bringen und sie der Tochter des Bürgermeisters verkaufen, und mit dem Geld werde ich meinen Schubkarren auslösen.‘ ‚Deinen Schubkarren auslösen? Willst du damit etwa sagen, du hast ihn verkauft? Das wäre eine schöne Dummheit von dir gewesen.‘

‚Na ja‘, antwortete Hans, ‚die Wahrheit zu sagen, ich konnte nicht anders. Den ganzen Winter ist’s so ärmlich bei mir zugegangen, verstehst du, dass ich nicht mal das Geld hatte, mir Brot zu kaufen. Da verkaufte ich zuerst die silbernen Knöpfe von meinem Sonntagsrock, und dann verkaufte ich meine silberne Kette, und dann verkaufte ich meine lange Tabakspfeife, und zuletzt verkaufte ich meinen Schubkarren. Aber jetzt werde ich das alles wieder zurückkaufen.‘

‚Hans‘, sagte der Müller, ‚ich schenke dir meinen eigenen Schubkarren. Er ist nicht eben im besten Zustand; die eine Seite fehlt ganz, und auch an den Radspeichen ist verschiedenes entzwei, aber trotz alledem will ich ihn dir schenken. Ich weiß, das ist sehr edelmütig von mir, und die Leute werden mich für äußerst töricht halten, weil ich mich von dem Schubkarren trenne; aber ich bin anders als der gemeine Haufen. Meiner Meinung nach ist Edelmut das innerste Wesen der Freundschaft, und außerdem habe ich mir einen neuen Schubkarren zugelegt. Jawohl, sei gutes Muts und mach dir keine Kopfschmerzen – ich schenke dir meinen Schubkarrens.'

,Ach, das ist wirklich sehr edelmütig von dir', sagte der kleine Hans, und sein lustiges rundes Gesicht strahlte über und über vor Freude. ,Ich kann ihn auch leicht reparieren, denn ich habe ein schönes Brett bei mir im Haus.'

,Ein schönes Brett!', sagte der Müller, ,sieh an, das ist genau das, was ich für mein Scheunendach brauche. Mein Scheunendach hat nämlich ein gewaltig großes Loch, und das Korn wird ganz feucht werden, wenn ich nicht etwas drübernagle. Welch ein Glück, dass du davon gesprochen hast! Es ist doch erstaunlich, wie eine gute Tat stets eine zweite nach sich zieht. Ich habe dir meinen Schubkarren geschenkt, und nun willst du mir dein Brett schenken. Natürlich ist mein Schubkarren viel mehr wert als dein Brett, aber wahre Freundschaft rechnet nicht. Bitte, hol es gleich, damit ich noch heute mit der Arbeit an meiner Scheune beginnen kann.'

,Gern', rief der kleine Hans, und er rannte in den Schuppen und schleppte das Brett heraus.

,Es ist gerade kein sehr großes Brett', sagte der Müller und schaute es prüfend an, ,und ich glaube fast, wenn ich mein Scheunendach damit ausgebessert habe, wird nichts für dich übrig bleiben, um den Schubkarren zu reparieren; aber selbstverständlich ist das nicht meine Schuld. Und jetzt, da ich dir meinen Schubkarren geschenkt habe, wirst du mir sicherlich gern ein paar Blumen als Gegengabe schenken. Hier ist der Korb, sieh nur zu, dass er bis oben voll wird.'

,Bis oben voll?', sagte der kleine Hans etwas bekümmert, denn der Korb war wirklich sehr groß, und er wusste, dass keine Blumen für den Markt übrig bleiben würden, wenn er ihn bis oben füllte; und ihm lag sehr viel daran, seine Silberknöpfe wiederzubekommen.

,Aber gewiss', antwortete der Müller. ,Da ich dir meinen Schubkarren geschenkt habe, halte ich es nicht für unbillig, dass ich dich um ein paar Blümchen bitte. Vielleicht irre ich mich, aber ich sollte meinen, Freundschaft, wahre Freundschaft, ist ganz frei von jeder Art Eigennnutz'.

,Lieber Freund, bester Freund!', rief der kleine Hans, ,alle Blumen meines Gartens sind dein. Mir liegt jederzeit viel mehr an deiner guten Meinung als an meinen silbernen Knöpfen.' Und er lief und pflückte alle seine schönen Schlüsselblumen und füllte den Korb des Müllers bis oben hin.

,Auf Wiedersehen, kleiner Hans', sagte der Müller, als er mit dem Brett auf der Schulter und dem großen Korb in der Hand den Hügel hinanstieg.

,Auf Wiedersehen', sagte der kleine Hans und machte sich höchst vergnügt wieder ans Graben; er freute sich so sehr über den Schubkarren.

Am nächsten Tage band er gerade ein paar Geißblattranken über der Tür fest, als er den Müller hörte, der von der Straße her nach ihm rief. Er sprang also von der Leiter, lief hinab in den Garten und blickte über die Mauer.

Da stand der Müller mit einem großen Sack Mehl auf dem Rücken.

‚Lieber kleiner Hans‘, sagte der Müller, ‚würde es dir was ausmachen, diesen Sack Mehl für mich auf den Markt zu bringen?‘

‚Oh! Das tut mir wirklich leid‘, sagte Hans, ‚aber ich habe heute sehr viel zu tun. Ich muss all meine Schlingpflanzen aufbinden und all meine Blumen gießen und meinen ganzen Rasen walzen.‘

‚In der Tat‘, sagte der Müller, ‚wenn ich recht bedenke, dass ich dir meinen Schubkarren schenken will, finde ich es sehr wenig freundschaftlich von dir, mir den kleinen Gefallen zu verweigern.‘

‚Ach, sprich nicht so‘, rief der kleine Hans, ‚nicht um alles in der Welt möchte ich unfreundschaftlich gegen dich sein.‘ Und er lief nach seiner Mütze und keuchte mit dem großen Sack auf den Schultern davon.

Es war ein sehr heißer Tag, und die Landstraße war entsetzlich staubig, und ehe Hans den sechsten Meilenstein erreicht hatte, fühlte er sich so matt, dass er sich niedersetzen und ausruhen musste. Aber gleich ging er tapfer weiter und gelangte endlich zum Markt. Nachdem er dort eine Weile gewartet hatte, verkaufte er den Sack Mehl zu einem sehr günstigen Preis und kehrte dann unverzüglich heim; denn er fürchtete, unterwegs den Räubern in die Hände zu fallen, wenn er sich länger aufhielte.

‚Das war mal ein schwerer Tag heute‘, sagte der kleine Hans zu sich selber, als er ins Bett ging, ‚aber ich freue mich doch, dass ich's dem Müller nicht abgeschlagen habe. Er ist ja mein bester Freund, und überdies will er mir seinen Schubkarren schenken.‘

Früh am nächsten Morgen kam der Müller herüber, das Geld für den Sack Mehl zu holen; der kleine Hans jedoch war so müde, dass er noch im Bett lag.

‚So wahr ich hier stehe‘, sagte der Müller, ‚du bist sehr faul. Ich dächte, da ich dir doch meinen Schubkarren schenken will, solltest du fürwahr fleißiger arbeiten. Müßiggang ist aller Laster Anfang, und ich sehe sehr ungern, wenn einer meiner Freunde träge oder saumselig ist. Du darfst mir's nicht übelnehmen, dass ich so unumwunden mit dir rede. Wäre ich nicht dein Freund, so würde mir das natürlich nicht im Traume einfallen. Welchen Nutzen aber hätte die Freundschaft, wenn man unter Freunden nicht aufrichtig seine Meinung sagte? Komplimente machen, Wohlgefallen zu erregen, trachten und schmeicheln, das kann ein jeder; doch der wahre Freund spricht immer Unangenehmes und trägt kein

Bedenken, auch wehzutun. Ja, dem wahren Freund von echtem Schrot und Korn ist dies sogar das Liebste, denn er weiß, dass Wehtun Wohltun ist.'

,Verzeih, ich wollte dich nicht erzürnen', sagte der kleine Hans, während er sich den Schlaf aus den Augen rieb und seine Nachtmütze abnahm, ,aber weil ich gar so müde war, dachte ich mir, ich könnte eigentlich noch ein bisschen liegen bleiben und den Vögeln zuhören. Weißt du, die Arbeit geht mir stets besser von der Hand, wenn ich vorher die Vögel habe singen hören.'

,So? Das freut mich', sagte der Müller und klopfte dem kleinen Hans auf den Rücken, ,denn ich möchte, dass du zur Mühle hinaufkommst, sobald du dich angezogen hast, und mir mein Scheunendach ausbesserst.'

Der arme kleine Hans brannte zwar darauf, in seinem Garten zu arbeiten, denn er hatte die Blumen seit zwei Tagen nicht mehr gegossen; aber er wollte dem Müller die Bitte nicht abschlagen, da dieser doch ein so guter Freund von ihm war.

,Würdest du's für sehr unfreundschaftlich von mir halten, wenn ich sagte, ich hätte viel zu tun?', fragte er ganz behutsam und schüchtern.

‚Allerdings‘, antwortete der Müller, ‚ich glaube, es ist nicht zu viel von dir verlangt, da ich dir ja meinen Schubkarren schenken will; aber wenn du nicht magst, werde ich selbstverständlich alles selber machen.‘

‚Oh, auf keinen Fall!‘, rief der keine Hans; und er sprang aus dem Bett und zog sich an und ging hinauf zu der Scheune.

Dort werkte er den ganzen Tag bis zum Sonnenuntergang, und bei Sonnenuntergang kam der Müller, um zu sehen, wie es mit der Arbeit vorwärtsging.

‚Hast du das Loch im Dach schon repariert, kleiner Hans?‘, rief der Müller fröhlichen Tones.

‚Es ist fertig ausgebessert‘, antwortete der kleine Hans und stieg die Leiter hinab.

‚Ah!‘, sagte der Müller, ‚nichts gewährt uns größere Befriedigung als die Arbeit, die wir für andere verrichten.‘

‚Es ist wirklich ein großer Vorzug, dich reden zu hören‘, erwiderte der kleine Hans und setzte sich nieder und wischte den Schweiß von der Stirn, ‚ein sehr großer Vorzug sogar. Ich fürchte freilich, mir werden niemals so schöne Gedanken kommen wie dir.‘

‚Oh! Das wird schon werden‘, sagte der Müller, ‚du musst dir nur mehr Mühe geben.

Vorläufig übst du die Freundschaft nur praktisch aus; eines Tages aber wirst du auch ihre Theorie begreifen.'

‚Meinst du wirklich?', fragte der kleine Hans. ‚Unbedingt', antwortete der Müller. ‚Doch nun, da du das Dach ausgebessert hast, solltest du lieber nach Hause gehen und dich ausruhen, denn ich möchte, dass du morgen meine Schafe auf den Berg treibst.'

Der arme kleine Hans hatte Angst, irgendetwas dagegen zu sagen, und am nächsten Morgen in aller Herrgottsfrühe brachte der Müller seine Schafe hinüber zu Hansens Häuschen, und der ging mit ihnen auf den Berg. Er brauchte den ganzen Tag, um hinauf und wieder hinunterzugelangen; und als er heimkehrte, war er so müde, dass er in seinen Stuhl sank und schlief, und er wachte nicht auf, bis es hellichter Tag geworden war.

‚Wie herrlich werde ich heut in meinem Garten arbeiten', sagte er und machte sich unverweilt ans Werk. Aber mal aus diesem Grunde, mal aus jenem – nie hatte er Zeit, sich um seine Blumen zu kümmern; denn immerzu kam sein Freund, der Müller, herüber und schickte ihn fort mit langwierigen Aufträgen oder holte ihn, damit er in der Mühle half. Der kleine Hans war mitunter ganz niedergeschlagen, weil er fürchtete, seine Blumen könnten glauben, er habe sie vergessen. Aber dann tröstete er sich wieder mit dem Gedanken, dass der Müller doch sein bester Freund war. ‚Zudem‘, sagte er sich stets, ‚will er mir seinen Schubkarren schenken, und das ist ein Akt reinen Edelmuts.‘ So arbeitete der kleine Hans weiter für den Müller, und der Müller sagte allerhand Schönes über die Freundschaft, was Hans wortwörtlich in ein Notizbuch eintrug und nachts immer wieder durchlas, denn er war ein sehr gewissenhafter Schüler.

Eines Abends nun saß der kleine Hans noch spät an seinem Kamin, als es laut an der Tür klopfte. Die Nacht war dunkel und schaurig, und der Wind fuhr mit so wildem Getöse ums Haus, dass Hans zunächst dachte, es sei nur der Sturm. Aber ein zweites Klopfen folgte, und dann ein drittes, lauter als jedes zuvor. ‚Das ist ein armer Wandersmann‘, sagte der kleine Hans bei sich und lief an die Tür.

Da stand der Müller mit einer Laterne in der einen Hand und einem großen Stecken in der anderen. ‚Lieber kleiner Hans‘, rief der Müller, ‚ich bin in großer Bedrängnis. Mein kleiner Junge ist von der Leiter gestürzt und hat sich verletzt, und ich muss den Doktor holen. Aber der wohnt so weit weg, und die

Nacht ist so schlimm, dass mir eben eingefallen ist, es wäre doch viel besser, wenn du statt meiner hingingest. Du weißt, ich will dir meinen Schubkarren schenken, und da ist es doch nur in Ordnung, wenn du mir auch einmal einen Gegendienst leistest.'

‚Gewiss', rief der kleine Hans, ‚ich betrachte es als eine große Ehre, dass du zu mir gekommen bist, und will sofort aufbrechen. Aber leih mir bitte deine Laterne, denn bei der Finsternis heute Abend könnte ich sonst den Weg verfehlen und in den Graben fallen.'

‚Leider', erwiderte der Müller, ‚leider ist das meine neue Laterne, und wenn ihr etwas zustieße, wäre das ein sehr empfindlicher Schaden für mich.'

‚Gut, macht nichts, es geht auch so', rief der kleine Hans, und er nahm seinen großen Pelzrock vom Nagel und seine warme rote Tuchkappe und band sich einen Schal um den Hals und machte sich auf den Weg.

Was tobte da für ein fürchterlicher Sturm! Die Nacht war so schwarz, dass der kleine Hans kaum sehen konnte, und der Wind wehte so heftig, dass er sich nur mit Mühe auf den Beinen hielt. Er ertrug aber alles sehr tapfer, und nach drei Stunden Weges kam er zum Doktorhaus und pochte an die Tür.

‚Wer ist da?‘, rief der Arzt und steckte den Kopf zum Schlafzimmerfenster heraus.

‚Der kleine Hans, Doktor.‘

‚Was willst du denn, kleiner Hans?‘

‚Der Junge vom Müller ist die Leiter runtergefallen und hat sich was getan, und der Müller lässt sagen, Sie möchten doch gleich hinkommen.‘

‚Gut!‘, sagte der Doktor; und er rief nach seinem Pferd und seinen großen Stiefeln und seiner Laterne und kam die Treppe herab und ritt davon nach des Müllers Hause, der kleine Hans aber stapfte hinter ihm drein.

Doch der Sturm wurde schlimmer und schlimmer, und es regnete in Strömen, und der kleine Hans konnte nicht sehen, wohin er lief, und nicht mit dem Pferd gleichen Schritt halten. Zum Schluss kam er vom Wege ab und verirrte sich ins Moor, wo es sehr gefährlich war, denn das Moor war voll tiefer Wasserlöcher; und in einem davon ertrank der arme kleine Hans. Sein Leichnam wurde, in einem großen Tümpel treibend, am nächsten Tage von ein paar Ziegenhirten aufgefunden und nach seinem Häuschen gebracht.

Die ganze Gegend ging mit bei seinem Begräbnis, denn alle hatten den kleinen Hans gekannt und gern gehabt, und der Müller war der Hauptleidtragende.

‚Da ich sein bester Freund gewesen bin‘, sagte der Müller, ‚ist es nur recht und billig, dass ich den besten Platz einnehme.‘ Und so schritt er im langen schwarzen Rock an der Spitze des Trauerzuges, und dann und wann wischte er sich mit einem großen Taschentuch die Augen.

‚Jedem von uns wird der kleine Hans bestimmt sehr fehlen‘, sagte der Schmied, als das Begräbnis vorüber war und alle bei Glühwein und süßen Kuchen gemütlich im Wirtshaus beisammensaßen.

‚Mir jedenfalls wird er wirklich fehlen‘, erwiderte der Müller. ‚Jawohl, ich hatte ihm meinen Schubkarren schon so gut wie geschenkt, und nun weiß ich beim besten Willen nicht, was ich. damit anfangen soll. Er steht mir zu Hause immerzu im Wege, und er ist in so schlechtem Zustand, dass ich nichts dafür bekäme, wenn ich ihn verkaufte. Ich will mich fortan sehr hüten, je wieder irgendetwas zu verschenken. Man hat bloß den Schaden für seinen Edelmut.‘"

„Nun, und weiter?", sagte der Wasserratz nach einer langen Pause.

„Nun, das ist der Schluss", sagte der Hänfling.

„Aber was wurde aus dem Müller?", fragte der Wasserratz.

„Oh, das weiß ich wahrhaftig nicht", antwortete der Hänfling, „und es ist mir auch ganz einerlei."

„Daraus ersieht man deutlich, Sie sind keiner Anteilnahme fähig", sagte der Wasserratz.

„Ich fürchte, Sie begreifen die Moral der Geschichte nicht ganz", bemerkte der Hänfling.

„Die was?", kreischte der Wasserratz.

„Die Moral."

„Wollen Sie damit sagen, dass die Geschichte eine Moral hat?"

„Gewiss", sagte der Hänfling.

„Zum Kuckuck", sagte der Wasserratz höchst erbost, „ich dächte, Sie hätten mir das sagen können, bevor Sie anfingen. Dann hätte ich Ihnen nämlich ganz bestimmt nicht zugehört; im Gegenteil, ich hätte ‚Pah!' gesagt wie der Kritiker neulich. Immerhin kann ich's ja jetzt nachholen." Und er brüllte aus vollem Halse: „Pah"!, schwenkte den Schwanz und kroch in sein Loch zurück.

„Und wie gefällt Ihnen der Wasserratz?", fragte die Ente, die ein paar Minuten danach angerudert kam. „Er hat eine Menge hervorragende Eigenschaften, ich für meine Person aber hege die Gefühle einer Gattin und Mutter, und ich kann einen eingefleischten Junggesellen nicht ansehen, ohne dass mir die Tränen kommen."

„Mir scheint, er hat sich über mich geärgert", meinte der Hänfling, „und zwar, weil ich ihm eine Geschichte mit einer Moral erzählt habe."

„Ah! Das ist immer ein sehr gefährliches Unterfangen!", sagte die Ente.

Und ich gebe ihr vollkommen recht.

Anthony de Mello

Freundesliebe

„Mein Freund ist nicht vom Schlachtfeld zurückgekommen, Sir. Erbitte Erlaubnis, ihn zu suchen und hereinzuholen."

„Abgelehnt", sagte der Offizier, „ich möchte nicht, dass Sie Ihr Leben aufs Spiel setzen für einen Mann, der wahrscheinlich tot ist."

Der Soldat machte sich trotzdem auf die Suche und kam eine Stunde später tödlich verwundet zurück, in den Armen seinen toten Freund.

Der Offizier tobte. „Ich habe Ihnen gesagt, er sei tot! Nun habe ich Sie beide verloren. Was hat es nun gebracht hinauszugehen, um eine Leiche zurückzubringen?"

Der sterbende Mann antwortete: „Es hat sich gelohnt, Sir. Als ich ihn fand, lebte er noch. Und er sagte zu mir: Ich wusste, Jack, dass du kommen würdest."

Jörg Swoboda

Theos Rache

Theo ist schwarzer Lutheraner, ich bin Baptist. Dass wir trotz unterschiedlicher Auffassungen in manchen biblischen Fragen seit mehr als fünfunddreißig Jahren Freunde sind und zusammenarbeiten, gehört inzwischen zur Geschichte der Evangelischen Allianz in Deutschland.

Wir haben uns bei Jesus gefunden und sind als Glaubensbrüder zusammengeblieben.

Gab es wirklich nie Irritationen? Doch, zum Beispiel bei einer Liedermacher-Klausur bei mir in Buckow. Theo war für drei Tage zu mir gekommen. Wir wollten Liedtexte schreiben. Nach der langen Autofahrt und dem Mittagessen brauchte er erst einmal ein Schläfchen in meinem Arbeitszimmer. Als er sich eine Stunde später aus der Wolldecke schälte, lag da auf der Liege nicht nur Theo, sondern auch noch eine reglose Maus, klein und hübsch braun, aber mausetot. Theo schüttelte sich vor Ekel, ich mich vor Lachen. Nein, ich hatte sie ihm nicht unter die Decke gemogelt. Es war mir ein Rätsel, wo die hergekommen sein könnte. Noch nie hatte ich in meinem Arbeitszimmer eine Maus gesichtet. Mitgebracht hatte sie Theo auch nicht. Also blieb als Erklärung nur eine Kabeldurchführung vom Keller übrig. Hätte ich schon längst mal dichtmachen sollen.

Als ich Monate später zu Theo nach Chemnitz fahre, fällt mir bei der Ankunft auf: Trotz Kälte und Schnee steht die Haustür einen Spalt breit offen. Im Hausflur steht eine Schale mit Katzenfutter und eine mit Milch. Dass Theo und Elke eine Katze haben, ist mir neu.

Als ich nach der Begrüßung das Gästezimmer beziehen will, sehe ich: Auch hier steht die Tür offen, denn dorthin hat sich die Katze verkrochen. Nun will ich rein und sie soll raus. Aber sie huscht hierhin und dorthin und will das warme Zimmer nicht verlassen. Selbst dass ich schließlich bäuchlings auf dem Boden liege und mit dem Schrubber unter der Liege herumstochere, ändert nichts an der Lage. Gut, klären wir das Problem eben später. Elke schärft mir ein: „Lassen Sie unbedingt die Tür offen, damit uns die Katze nicht auf den Teppich macht."

Aber das Unheil nimmt seinen Gang, denn irgendwie klappt die Tür durch einen Luftzug oder meine Nachlässigkeit doch zu. Als ich gegen Mitternacht die Tür des Gästezimmers öffne, schießt die Katze wie ein Blitz heraus. Der Raum bietet ein Bild der Verwüstung. Der Blumentopf ist vom Fensterbrett gefallen, die Lampe ist umgestürzt, die Tischdecke hängt schräg bis auf den Boden. Aber das Schlimmste: Es stinkt erbärmlich nach Katzenurin.

Der Hergang liegt auf der Hand. Sie musste mal und fand keinen Ausweg. Wer könnte das nicht gut nachempfinden? Als der Druck stieg, jagte sie in ihrer Not über Liege, Tisch und Fensterbank und riss alles um, was fallen konnte. Und dann war es zu spät.

Der Gestank ist beträchtlich. Lüften allein hilft nicht. Selbst dass Theo eine Flasche mit teurem Rasierwasser opfert, das ich wie bei einer Weihung über der Liege versprenge, ist keine Lösung. Es gibt im Moment überhaupt keine Lösung.

So füge ich mich ins Unabänderliche und begebe mich zur Ruhe und träume von Theos Rache in unserem Katz-und-Maus-Spiel – oder spielt mir hier die Erinnerung einen Streich?

Jahre später fliegen wir beide nach Paraguay, um in der Hauptstadt im Instituto Biblico Asuncion Unterricht zum Thema „Jugendevangelisation" zu geben. Der Hinflug dauert wegen eines Defekts am Flugzeug fast zwei Tage. Ziemlich gerädert kommen wir bei 40 Grad im Schatten an, denn der Januar ist hier ein Sommermonat. Nicht nur der Direktor des Instituts, Hartwig Eitzen, holt uns am Flughafen ab, sondern auch Gerhard und Elisabeth Schnitter. Sie sind für zwei Jahre nach Paraguay gegangen, weil Gerhard die Chorleitung in der mennonitischen Concordia-Gemeinde übernommen hat. Durch unsere Verspätung fallen unsere Ankunft und unsere erste Verpflichtung auf der mennonitischen Jahreskonferenz gleich auf diesen ersten Abend. Zwar haben wir noch eine Stunde Ruhepause, aber kaputt sind wir trotzdem. Theo predigt, ich singe.

Danach sind wir durch die Reisestrapazen, durch den Klimawechsel und die Anspannung des Abends mehr als bettreif. Auf dem Heimweg verpasse ich beim Hinuntergehen eine Stufe, stürze und lande auf dem Gesicht – und wenig später mit blutender Nase und Abschürfungen im Gesicht und am Schienbein im baptistischen Hospital. Ich kann dennoch alles von der heiteren Seite nehmen. Als mich Schnitters, Theo und Hartwig aus dem Behandlungszimmer kommen sehen, brechen sie in Gelächter aus, und Gerhard meint: „Du siehst ja wie ein Boxer nach dem Kampf aus." Die Ärztin wundert sich über unsere Unbeschwertheit und meint, sie höre hier sonst nur Klagen.

Am nächsten Tag erscheine ich mit meinen abradierten Hautstellen und mit einer dicken Binde auf der Nase auf der Konferenz. Mein Aussehen löst natürlich Verwunderung aus. Damit das Rätselraten nicht von der Hauptsache der Konferenz ablenkt, beantworte ich einleitend die im Raum stehende Frage: „Gestern habe ich von einigen unterschiedlichen theologischen Auffassungen zwischen Theo und mir gesprochen und dass es über die Jahrzehnte unserer Zusammenarbeit immer gut gegangen sei. Zieht aus meinem heutigen Aussehen nun bitte keinen falschen Schluss. Einige könnten denken: Na ja, Jahrzehnte ging es gut, aber nun hat es zwischen den beiden doch einmal gekracht." Frohes Lachen ist die Antwort. Freundschaft lebenslang – ein Geschenk des Himmels.

Liebe deinen Nächsten ...

Ingrid Boller

Biowärme im Herzen

Märzenbecher, Krokusse, Winterlinge und Leberblümchen – sie alle sind für mich kleine Kostbarkeiten des beginnenden Frühlings. Und wer würde sich nicht besonders auf die ersten Schneeglöckchen freuen? Sie haben wohl nur auf ein mildes Lüftchen gewartet, und heute ist es nun endlich so weit: Die ersten Blüten sind da. Wenn diese zarten Blumen lächeln könnten, würde ich mich nicht wundern, wenn sie mich mit triumphierender Miene anschauen würden. Sie haben dem eisigen Winter getrotzt und sich langsam, Stück für Stück, aus dem kalten, harten Boden geschoben. Dort, wo kein Schnee liegt, konnte ich das schon seit Längerem beobachten. Und jedes Jahr staune ich neu darüber, wie früh die Pflanzen sich auf den Weg machen. Meist in ganzen Grüppchen, büschelweise, stehen sie zusammen. Sie tragen zwar noch Winterfarben, zeigen jedoch: Der Winter ist vorbei, auch wenn Schnee und frostige Nächte noch eine andere Sprache sprechen.

Schneeglöckchen wurden in den letzten Jahren neu entdeckt und die kleine Pflanze hat viele Liebhaber gefunden. In Nettetal am Niederrhein finden jedes Jahr Schneeglöckchentage statt, die Bewunderer der Blume aus dem Inland, aber auch aus England, den Niederlanden und Österreich anlocken. Hier wird gekauft, getauscht, bestaunt und sich ausgetauscht. Inzwischen gibt es viele verschiedene Sorten, die sich in Farbmusterung und Blütenform unterscheiden.

Bei manchen Sorten sind die Blüten gefüllt, andere tragen grün getupfte äußere Blütenblätter.

Schneeglöckchen wachsen nicht nur in unseren Gärten oder Parks, man findet sie auch in feuchten Laubwäldern. Diese wilden Glöckchen sind allerdings selten und dürfen nicht abgepflückt werden, weil sie unter Naturschutz stehen.

Schneeglöckchen besitzen eine faszinierende Fähigkeit. Sie sind in der Lage, sogenannte Biowärme zu produzieren. Mithilfe ihrer Zwiebel erwärmt sich die Pflanze auf etwa acht bis zehn Grad Celsius und bringt dadurch den Schnee um ihren Blütenstiel einige Millimeter zum Schmelzen.

Wärme, die das Schneeglöckchen selbst produziert und damit der Kälte um sich herum ein Schnippchen schlägt – kann ich das, im übertragenen Sinn, auch? Bin ich in der Lage, aus mir selbst heraus meiner Umgebung Lebenswärme zu geben, meinen Mitmenschen immer liebevoll zu begegnen, ihnen bedingungslose Wertschätzung entgegenzubringen?

Prinzipiell bin ich sicher kein unfreundlicher Mensch, aber ich kenne durchaus die Abgründe meiner Seele und weiß, wie schnell ich auch verärgert sein kann. Nicht immer gelingt es mir dann, freundlich zu bleiben und daran zu denken, dass mein Gegenüber von Gott mit seinen Fehlern genauso geliebt wird wie ich.

Sicher werde ich dieses Ideal in meinem irdischen Leben nie völlig erreichen. Aber die Zwiebel des Schneeglöckchens erinnert mich an Gottes Heiligen Geist. Als Tochter Gottes habe ich Zugang zu ihm und seiner Kraft. Je mehr ich zulasse, dass er in mir wirken kann, umso mehr kann ich so leben, wie Gott es sich gedacht und Jesus Christus es vorgemacht hat. Davon werden nicht nur meine Mitmenschen profitieren, sondern auch ich selbst, weil mehr und mehr Friede in mein Herz einziehen kann.

Denken Sie daran, wenn Sie das nächste Mal ein Schneeglöckchen sehen: Gottes Heiliger Geist möchte die wärmende Zwiebel in unserem Herzen sein!

Bernhard von Clairvaux

Die Schale der Liebe

Wenn du vernünftig bist, erweise dich als Schale und nicht als Kanal, der fast gleichzeitig empfängt und weitergibt, während jene wartet, bis sie gefüllt ist. Auf diese Weise gibt sie das, was bei ihr überfließt, ohne eigenen Schaden weiter.

Lerne auch du, nur aus der Fülle auszugießen, und habe nicht den Wunsch, freigiebiger zu sein als Gott.

Die Schale ahmt die Quelle nach. Erst wenn sie mit Wasser gesättigt ist, strömt sie zum Fluss, wird sie zur See.

Du tue das Gleiche! Zuerst anfüllen und dann ausgießen. Die gütige und kluge Liebe ist gewohnt überzuströmen, nicht auszuströmen.

Ich möchte nicht reich werden, wenn du dabei leer wirst. Wenn du nämlich mit dir selber schlecht umgehst, wem bist du dann gut? Wenn du kannst, hilf mir aus deiner Fülle; wenn nicht, schone dich.

Sabine Kley

Backofenüberraschung

Eines Tages während ihres Ferienjobs wurde
unserer ältesten Tochter gesagt, dass es keine
Arbeit mehr für sie gebe. Somit sollte der
nächste Tag ihr letzter in der Firma sein. Bei
früheren Ferienjobs hatte sie an ihrem letzten
Arbeitstag meist etwas Selbstgebackenes
mitgenommen. Also wollte ich ihr schnell
einen Apfelkuchen backen. Gesagt, getan.
Ich stellte den Kuchen zum Backen in den
Backofen und schaltete ihn ein. Plötzlich gab
es einen Schlag, die Sicherung des Backofens
war herausgeflogen. Als ich sie wieder zu-
rechtrückte, merkte ich, dass der Ofen nur
noch kalte Luft produzierte. Klasse, das war
natürlich das beste Klima für einen Kuchen
mit Hefeteig! Mittlerweile war es 0.30 Uhr.
Was sollte ich nur tun? Da fiel mir unsere
Mikrowelle ein, die eine Backofenfunktion
hat. Ich hatte darin zwar noch keinen Kuchen gebacken, aber jetzt würde ich es testen
müssen. Also stellte ich den Kuchen in die
Mikrowelle. Natürlich backte der Kuchen darin anders und er wurde leider etwas zu dunkel, aber die Kollegen freuten sich über den

Kuchen, wie mir meine Tochter am nächsten Abend berichtete.

Da der Backofen nicht mehr funktionierte, rief ich einen Elektriker an. Er stellte fest, dass ein Heizelement durchgeschmort war. Ein neues Element wollte er gleich bestellen. Es sollte an einem Tag eingebaut werden, an dem wir Besuch erwarteten. Ich machte mir deshalb schon meine Gedanken. Sollte ich mich einen Tag vorher an dem Kuchen versuchen und ihn in der Mikrowelle backen, auch auf die Gefahr hin, dass er wieder zu dunkel wurde, oder sollte ich einen Fertigkuchen kaufen?

Ein paar Tage später setzte ich mich im Gottesdienst neben eine liebe Frau, die in kurzer Zeit hintereinander ihre Tochter und ihren Mann verloren hatte. Es waren tragische Todesfälle. Mein Mann und ich waren ganz betroffen. In seinem Urlaub malte er der Frau ein wunderbares Bild mit tröstenden Worten. Es war eine Wüstenlandschaft, und mein Mann hatte die Worte darauf geschrieben: „Gott hat dein Wandern auf sein Herz genommen!" (5. Mose 2,7). Dieses Bild traf genau in ihre Situation, ebenso die ermutigenden Worte, dass Gott auch diese Frau mit ihrem tiefen Schmerz durchtragen würde.

Nach dem Gottesdienst sprachen wir noch miteinander. Die Frau war ganz erfüllt von Dank. Wenn ich mal Besuch bekäme, würde sie mir gerne einen Kuchen backen, versprach sie mir. Sie wollte uns eine Freude bereiten. Mein Mann habe das doch gern gemacht, sagte ich. Dann erst dachte ich an unseren Besuch und erzählte ihr von unserem Backofenproblem. Sofort erklärte sie sich bereit, mir zu helfen. An dem Tag, an dem wir Besuch erwarteten, wollte sie mir mittags den Kuchen vorbeibringen. Ich war geplättet. Mit solch einer prompten Problemlösung hatte ich nicht gerechnet. Und ich hatte nicht einmal dafür gebetet. Mir kam das zu nichtig vor, vielleicht war mein Glaube auch zu klein. Jetzt kam ich aus dem Staunen nicht heraus. Diese so schwer vom Leid getroffene Frau nahm Anteil an meiner Situation und wollte mir eine Freude machen. Es war Freude auf beiden Seiten.

Wie schön ist es, mit Menschen Gemeinschaft zu haben, Schmerz und Freude miteinander zu teilen. Freude vermehrt sich und Schmerz wird halbiert. Möge Gott uns offene Augen für unseren Nächsten schenken.

Birgit Winterhoff

Auf der Müllkippe in Manila

Ich mag Leute, die etwas wollen. Leute, die Ziele für ihr Leben haben und nicht bei den ersten Schwierigkeiten aufgeben. Leute, die Lust haben, Aufgaben und Herausforderungen anzupacken und nicht ständig über die schwierigen Verhältnisse lamentieren.

Von einer Frau will ich erzählen. Ich lernte sie bei einem Besuch auf den Philippinen in Manila kennen. Sie ist Christin, stammt aus Kanada und lebt und arbeitet seit einigen Jahren auf der Müllkippe der Stadt Manila. Schätzungsweise 25.000 Personen leben dort. Die Hälfte sind Kinder unter 14 Jahren. Um es noch einmal deutlich zu sagen: Auf einer Müllkippe in Manila leben 25.000 Menschen, und sie leben von der Müllkippe. Täglich wird auf der Müllkippe der Müll einer Millionenstadt abgeladen. Bei meinem Besuch traf ich Kinder, die, wenn es ihnen etwas besser geht, Gummistiefel tragen und Kiepen auf dem Rücken haben. Sie durchsuchen den Müll nach brauchbaren Dingen wie zum Beispiel Plastik, Glas und Dosen. Das verkaufen sie für ein wenig Geld, damit ihre Familien etwas zum Leben haben.

Auf der Müllkippe stinkt es ganz schrecklich. Seuchen und Krankheiten sind an der Tagesordnung. Die Müllkippe ist eine Brutstätte der Gewalt. Mitten in diesem Elend lebt jene kanadische Christin. Sie kümmert sich um verwahrloste Kinder. Sie zeigt mir ein Mädchen – es mochte zehn Jahre alt sein –, das eines Tages mit dem Müll angeliefert worden war. Die Kanadierin hatte sie eher zufällig aus dem Müll gefischt, hatte sie über Wochen gesund gepflegt und ihr dann etwas lesen, schreiben und rechnen beigebracht. Das würde reichen, um einmal auf eigenen Füßen stehen zu können.

Mir schossen viele Fragen durch den Kopf. Was nützt eigentlich der Einsatz dieser engagierten Frau? Verpufft er nicht ins Leere? Ist er nicht nur ein Tropfen auf den heißen Stein? Natürlich weiß auch sie, dass sie sich nicht um alle Kinder hier auf der Müllkippe kümmern kann. Das würde sie restlos überfordern. Dazu reichen ihre Kräfte nicht. Aber sie hat Grundsätze für ihr Leben. Der eine heißt: Jeder Mensch ist ein geliebtes Geschöpf Gottes. Das macht seinen Wert aus. Unter allen Umständen. In allen Verhältnissen. Darum soll keiner verloren gehen. Der andere heißt: Mein Tropfen auf den heißen Stein kann der An-

fang eines Regens sein. Eine bewundernswer-
te Frau auf den Spuren Jesu Christi, der einmal gesagt hat: „Was ihr für einen meiner
geringsten Brüder oder für eine meiner geringsten Schwestern getan habt, das habt ihr
für mich getan."

Anselm Grün

Ein fröhliches Herz

Mutter Teresa hat die Herzen vieler Menschen auf der ganzen Welt berührt. Viele haben sich gefragt: Woher nimmt diese kleine Frau ihre Kraft, ihre Begeisterung und ihre Fröhlichkeit angesichts des Leidens, dem sie täglich so hautnah begegnet?

Sie selber hat ihre Antwort gegeben: „Ein fröhliches Herz entsteht normalerweise nur aus einem Herzen, das vor Liebe brennt." Weil ihr Herz vor Liebe brannte, war es immer fröhlich. Liebe ist nicht zuerst ein moralisches Postulat. Wenn wir uns zwingen, zu lieben, fühlen wir uns überfordert. Die Liebe, die von uns Besitz ergreift, lässt das Herz brennen. Sie ist eine göttliche Kraft, ein Feuer, das uns wärmt und uns entzündet. Liebe und Freude haben eines gemeinsam: Beide öffnen das Herz und beide lassen es weit werden. Und nur in einem weiten Herzen kann Freude einziehen. Denn die Freude braucht immer einen weiten Raum, um sich entfalten zu können.

Bernd Bierbaum

Eine katholische Nonne

Was für eine Prachtfrau! Die Nonne ist fast 80 und führt dem Erzbischof von Hamburg den Haushalt. Ich lernte sie vor ca. 30 Jahren kennen. Ich hatte über Radio Bremen einen Radiogottesdienst aus unserer Gemeinde gemacht und bekam wenige Tage später ein Päckchen mit Blumen darin – aber keine getrockneten Blumen, sondern richtige lebendige. Das war der Beginn unserer Bekanntschaft. Diese Schwester ließ sich auch bald auf die Liste derer setzen, die meine Predigten per Kassette zugeschickt bekamen. Sie besitzt diese Kassetten auch heute noch. Bei einem Telefonat sagte sie neulich: „Das ist etwas mit Herz." Das tut auch mir gut.

Vor Kurzem feierte sie ihren 50-jährigen Ordinationstag und lud mich ein. Ich wollte in ihr Kloster in der Nähe von Osnabrück fahren und fragte: „Ihr habt ja sicher auch eine Eucharistiefeier, darf ich denn als Evangelischer überhaupt daran teilnehmen?" Sie meinte: „Ja". – „Nee, da fragen Sie lieber erst mal Ihren Erzbischof." Er stimmte auch zu. Und so war ich in einer katholischen Messe zu Gast.

Bei dieser Schwester merkt man etwas von der Liebe, die größer ist als alle Grenzen – von der Liebe zu Jesus und untereinander.

Axel Kühner

Die Frucht der Liebe

Mutter Teresa erzählt, dass eines Tages zwei junge Inder in das Haus der Schwestern in Kalkutta gekommen sind, um einen größeren Geldbetrag zu übergeben. Mit dem Geld sollte den Armen geholfen werden. Mutter Teresa war überrascht, von Hindus so viel Geld zu bekommen. Aber die beiden jungen Leute erklärten: „Wir haben vor zwei Tagen geheiratet, hatten aber schon lange beschlossen, uns keine Hochzeitskleidung zu kaufen und keine große Feier zu veranstalten. Dafür wollten wir Ihnen das gesparte Geld für die Armenspeisung übergeben." Das junge indische Ehepaar gehörte einer hohen Kaste an, und als bekannt wurde, dass sie einer katholischen Nonne geholfen hatten, gab es in Kalkutta einen Riesenskandal. Später fragte Mutter Teresa die beiden, als sie wieder einmal bei den Schwestern hereinschauten, warum sie das getan hatten. Ihre Antwort war: „Wir lieben uns so sehr, dass wir unser gemeinsames Leben damit beginnen wollten, anderen Menschen in Not zu helfen!"

Die Liebe ist das einzige Gute, das mehr wird, wenn man es verschenkt.

Die Liebe ist die einzige Blume, die zu allen Jahreszeiten blüht und zugleich wunderbare Früchte hat.

Quellenverzeichnis

Ahrens, Hanna: Koala und Wombat; in: dies.: Größer als unser Herz. Geschichten von Himmel und Erde. © 2009 Brunnen Verlag, Gießen, S. 119ff.

Bierbaum, Bernd: Eine katholische Nonne; in: ders.: Gott steckt dahinter. 366 Erlebnisse, die zum Nachdenken anregen. © 2012 Neukirchener Verlagsgesellschaft mbH, Neukirchen-Vluyn, S. 93f.

Bierbaum, Bernd: Von Gott gewollt; in: ders.: Gott steckt dahinter. 366 Erlebnisse, die zum Nachdenken anregen. © 2012 Neukirchener Verlagsgesellschaft mbH, Neukirchen-Vluyn, S. 11f.

Boller, Ingrid: Biowärme im Herzen; in: dies.: Vom Glück, draußen zu sein. Schöne Gedanken und Tipps für jede Jahreszeit. © 2012 Neukirchener Verlagsgesellschaft mbH, Neukirchen-Vluyn, S. 8ff.

Boller, Ingrid: Gemeinsam funktioniert's; in: dies.: Vom Glück, draußen zu sein. Schöne Gedanken und Tipps für jede Jahreszeit. © 2012 Neukirchener Verlagsgesellschaft mbH, Neukirchen-Vluyn, S. 90ff.

Boller, Ingrid: Handschmeichler in stacheliger Verpackung; in: dies.: Vom Glück, draußen zu sein. Schöne Gedanken und Tipps für jede Jahreszeit. © 2012 Neukirchener Verlagsgesellschaft mbH, Neukirchen-Vluyn, S. 71ff.

Bosmans, Phil: Die Liebe ist wie die Sonne; in: ders.: Leben jeden Tag. 365 Vitamine für das Herz. 3. Auflage. © 2011 Verlag Herder GmbH, Freiburg im Breisgau, S. 124. Mit freundlicher Genehmigung.

Bosmans, Phil: Freundschaft; in: ders.: Leben jeden Tag. 365 Vitamine für das Herz. 3. Auflage. © 2011 Verlag Herder GmbH, Freiburg im Breisgau, S. 172. Mit freundlicher Genehmigung.

Dziewas, Dorothee: Ein guter Freund; in: dies.: Im Loslassen liegt die Kunst des Aufbruchs. Texte und Anregungen für Wanderer und Pilger. © 2011 Neukirchener Verlagsgesellschaft mbH, Neukirchen-Vluyn, S. 82ff.

Eichendorff, Joseph von: Der Glückliche; in: ders.: Ausgewählte Werke. Band 1. Gedichte. Hrsg. v. Hans A. Neunzig. © 1987 Nymphenburger Verlagshandlung GmbH, München, S. 195f.

Eichendorff, Joseph von: Neue Liebe; in: ders.: Ausgewählte Werke. Band 1. Gedichte. Hrsg. v. Hans A. Neunzig. © 1987 Nymphenburger Verlagshandlung GmbH, München, S. 210f.

Grün, Anselm: Ein fröhliches Herz; in: ders.: Das kleine Buch vom guten Leben. 2. Auflage. © 2005 Verlag Herder, Freiburg im Breisgau, S. 129. Mit freundlicher Genehmigung.

Heine, Heinrich: Am Teetisch; in: ders.: Die schönsten Gedichte. Hrsg. v. Annika Krummacher. München, Piper Verlag 2006, S. 36.

Kaupp, Armin: Gott schuf die Liebe. © Armin Kaupp.

Kley, Sabine: Abendgeschenk. © Sabine Kley.

Kley, Sabine: Backofenüberraschung. © Sabine Kley.

Kühner, Axel: Alle Blumen brauchen Sonne; in: ders.:
Überlebensgeschichten für jeden Tag. 19. Auflage.
© 2012 Neukirchener Verlagsgesellschaft mbH,
Neukirchen-Vluyn, S. 142.

Kühner, Axel: Die Frucht der Liebe; in: ders.: Überle-
bensgeschichten für jeden Tag. 19. Auflage. © 2012
Neukirchener Verlagsgesellschaft mbH, Neukirchen-
Vluyn, S. 254.

Kühner, Axel: Lieben heißt neu beginnen; in: ders.: Von
Herzen Dank. 55 kleine Geschichten für einen lieben
Menschen. © 2013 Neukirchener Verlagsgesellschaft
mbH, Neukirchen-Vluyn, S. 32f.

Kühner, Axel: Wo Gott wohnt; in: ders.: Überlebensgeschichten für jeden Tag. 19. Auflage. © 2012 Neukirchener Verlagsgesellschaft mbH, Neukirchen-Vluyn,
S. 198.

Lagerlöf, Selma: Wie der Adjunkt die Pfarrerstochter
freite; in: dies.: Gesammelte Werke. Zweiter Band.
Geschichten und Legenden. Hrsg. v. Hans A. Neunzig. © 1980 Nymphenburger Verlagshandlung
GmbH, München, S. 128ff.

Meier, Silke: Der Wohlfühlpullover. Eine Liebesge-
schichte; in: dies.: Filz & Firlefanz. Nähkästchen-
Geplauder zwischen Schürze und Chiffon. © 2010
Brunnen Verlag, Gießen, S. 35ff.

Mello, Anthony de: Freundesliebe; in: ders.: Wo das Glück zu finden ist. Jahreslesebuch. Ausgewählt und herausgegeben von Franz Johna. Neuausgabe. 2. Auflage. © 2005 Verlag Herder, Freiburg im Breisgau. Mit freundlicher Genehmigung.

Müller, Titus: Gott spielt im Dunkeln Gitarre für mich; in: ders.: Das kleine Buch für Lebenskünstler. 2. Auflage. © 2009 Brunnen Verlag, Gießen, S. 61ff.

Schwarz, Andrea: Unsere Freundschaft; in: dies.: Bunter Faden Zärtlichkeit. 16. Auflage. © 2012 Verlag Herder GmbH, Freiburg im Breisgau, S. 107. Mit freundlicher Genehmigung.

Schwarz, Andrea: Von Gott umarmt; in: dies.: Mit Handy, Jeans und Stundenbuch. Persönliche Erfahrungen aus dem pastoralen Alltag. © 2000 Verlag Herder, Freiburg im Breisgau, S. 9f. Mit freundlicher Genehmigung.

Swoboda, Jörg: Brüder; in: ders.: Besser aufgeweckt als eingeweckt. 2. Auflage. © 2011 Neukirchener Verlagsgesellschaft mbH, Neukirchen-Vluyn, S. 96f.

Swoboda, Jörg: Theos Rache; in: ders.: Besser aufgeweckt als eingeweckt. 2. Auflage. © 2011 Neukirchener Verlagsgesellschaft mbH, Neukirchen-Vluyn, S. 137ff.

Währisch, Elisabeth: Das Gesangbuch-Barometer; in: dies.: Einfach nur so … Kurzgeschichten. 4. Auflage. © 1996 Aussaat Verlag GmbH, Neukirchen-Vluyn, S. 94f.

Währisch, Elisabeth: Die ideale Familie; in: dies.: Einfach nur so ... Kurzgeschichten. 4. Auflage. © 1996 Aussaat Verlag GmbH, Neukirchen-Vluyn, S. 45ff.

Wendel, Kerstin: Das, was man Liebe nennt; in: dies.: Apfelessig & Gebet. Alltagssachen zum Weinen und Lachen. 2. Auflage. © 2007 Brunnen Verlag, Gießen, S. 27ff.

Wendel, Kerstin: Ehe-Kläranlage; in: dies.: Apfelessig & Gebet. Alltagssachen zum Weinen und Lachen. 2. Auflage. © 2007 Brunnen Verlag, Gießen, S. 58ff.

Wendel, Kerstin: Freundschaft ist, wenn's trotzdem hält; in: dies.: Schwimmkartoffel & Gebet. Neue Alltagssachen zum Weinen und Lachen. © 2012 Brunnen Verlag, Gießen, S. 50ff.

Wilde, Oscar: Der opferwillige Freund; in: ders.: Sämtliche Märchen und Erzählungen. © 2005 Anaconda Verlag GmbH, Köln, S. 38ff.

Winterhoff, Birgit: Auf der Müllkippe in Manila; in: dies.: Hoffnung hält lebendig. Impulse für heute und morgen. © 2010 Aussaat Verlag, Neukirchener Verlagsgesellschaft mbH, Neukirchen-Vluyn, S. 24ff.

Winterhoff, Birgit: Mutmacher statt Miesmacher; in: dies.: Hoffnung hält lebendig. Impulse für heute und morgen. © 2010 Aussaat Verlag, Neukirchener Verlagsgesellschaft mbH, Neukirchen-Vluyn, S. 64ff.

Für alle, die sich nach mehr Freude im Alltag sehnen

Die Geschichten in diesem Buch möchten uns zu mehr Freude
anstecken und den Alltag erhellen – zur Freude über die kleinen
Dinge des Alltags, über unseren liebevollen Vater im Himmel, über
seine wunderbare Schöpfung und über die Menschen, denen wir
begegnen. Mal heiter-humorvoll, mal inspirierend-nachdenklich
erzählen verschiedene Autoren aus ihrem Leben und geben gute
Gedanken weiter. Damit Freude in unser Leben strahlt – und von
dort vielleicht sogar zu unseren Mitmenschen.

Nadine Weihe (Hg.)
Freude strahlt in unser Leben
Geschichten, die den Alltag erhellen
kartoniert, 160 Seiten, ISBN 978-3-7615-6183-6